ネット時代の手紙学

Research on letters in the age of the Internet

宮田 穣

Minoru MIYATA

北樹出版

まえがき

あなたが最後に、手紙を読んだのはいつのことですか。覚えていますか。その手紙は、誰からのものでしたか。内容は、「手書き」で書かれていましたか。手紙を読んで、どのようなことを思い浮かべ、何を感じましたか。切手は、いくらのものが貼られていましたか。

また、あなたが最後に、手紙を書いたのはいつのことですか。誰に宛てた手紙でしたか。どのような思いを伝えようとしましたか。その思いを表現するために、内容や手紙そのものに、どのような工夫をしましたか。どんな封筒に、どんな切手を貼りましたか……。

このような調査を、最近ふとしてみたくなることがありました。インターネットだらけのコミュニケーションに囲まれている日常に、ふと人肌を感じたくなったのかもしれません。

インターネットが、日本社会で一般に広く利用され始めてから、はや四半世紀が経過しました。今やその環境がないと社会生活が営めないほど、インターネットは日常化しています。そして、日常的なコミュニケーションは便利になりました。いつでも、どこでも、誰とでもコミュニケーションができるようになりました。そのように、多くの人は無意識のうちに感じているのではないでしょうか。スマホさえいじれば、何でもできると。

本当でしょうか。単に情報のやり取りが、簡単になっただけではありませんか。スマホを手に入れて使い始めたら、思ったより気軽に使えただけではありませんか。暇つぶしが、楽になっただけではありませんか。いつもLINEでつながっている相手は、決まりきった相手ではありませんか。一方、Twitterのその先にいる相手のことを、はたしてどれだけ知っていますか。スマホに溢れているタダで手に入れられるニュースは、自分の好みに合ったものばかりではありませんか。そして、いつも無意識に接しているこれらの内容は、本当に必要なものでしょうか。

情報をキャッチしたり、それにすばやく反応したりする仕組みは、ここ一〇年ほどでたしかに飛躍的に進歩したかもしれません。スマホで使えるタダのアプリの種類は、選びきれないほど増えたかもしれません。しかし、だからといって本当に必要な情報が、簡単に手に入れられているでしょうか。意味もなく、スマホの中の写真ばかり眺めていないでしょうか。ひたすらタダのゲームにばかり、ハマっていないでしょうか。

そんな日常の中で、自分の思いが相手にしっかり届けられ、相手からの反応にも手応えを感じられる。自分の心を打つ。そんなことが、現在の私たちの生活の中には、ほとんどなくなってしまったのではないでしょうか。つまりは、スマホという自己中心的に楽しめる道具に、無意識に反応している毎日になってしまったのではないでしょうか。

端的にいえば、インターネットが日常化するに従って、コミュニケーションは表層的で形ばかりのものが多くなりました。情報量だけが肥大化してしまいました。その代わり、その内容をじっくりと吟味したり考えたりする余裕を失ってしまったと、私は今の時代を受け止めています。このような状況は、とても皮肉的に見えます。現代はメディアが多様化し、コミュニケーション手段がいろいろ選択できる状況に見えます。その一方で、現実的には特定のメディア、つまりスマホによるコミュニケーションばかりに偏りがちです。そして、そのメディア特性に縛られ、パターン化された機能やコミュニケーションだけが、多くの人たちの間で日々繰り返されることになっているのです。

立ち止まって、少し考えてみましょう。スマホを通して、現在多くの人たちが一日の多くの時間を費やし、インターネットを活用するようになりました。でも、はたして身近な家族、職場、学校などでの人間関係は、以前より良くなったでしょうか。日々、中身の濃い素敵な時間を過ごせるようになったでしょうか。少し前に突然ブレイクした「ピコ太郎」のように、世間で話題になった動画を世界中でシェアできたからといって、私たちの生活に何か大きな変化が訪れたでしょうか。次から次へと、情報が溢れ出てくるネットの世界では、世界中でどれほど多くの人たちにシェアされた情報であっても、一年も経てば遠い昔の出来事のように、記憶の片隅に追いやられてしまいます。このように考えてみると、現代は多様なメディアに囲まれながらも、ネットの中の「貧しいコミュニケーション」が蔓延する時代に思えてなりません。

そんなとき、ふと「手紙」という存在が頭の中に浮かんできます。それは、古臭さと懐かしさが入り混じった、不思議な感覚です。よくよく考えてみると、手紙というメディアは、私たちが日常生活を送り、生きていく上で、何世紀にもわたるとてつもなく長い時間を通して、大切に育まれてきたコミュニケーション・スタイルであり、習慣であり、文化なのです。

ここで、改めて自らに問いかけてみてください。現在の私たちは、手紙を通したコミュニケーションを、どれほど理解しているでしょうか。また、使いこなせているでしょうか。インターネットのもたらす目先の便利さに目を奪われるあまり、歴史的な文化資産であり、現在もなお生き続けている手紙を、不便で面倒なものとして、何となく簡単に遠ざけてしまっていないでしょうか。そんな人が、現在少なくないように著者は感じています。

とくに、デジタルネイティブと呼ばれている二〇歳頃までの若い世代の多くは、手紙そのものにほとんど触れないまま過ごしてきました。彼らは、生まれたときからすでに取り囲まれていたインターネット環境の中で、まるで無意識に呼吸するかのように、ネットを利用し、親しみ、コミュニケーションしてきました。そして、次々と登場するデジタル・メディアを、当たり前のように受け入れてきました。

ちなみに、著者が日頃接している大学生は、ほとんどが一九九〇年代後半以降に生まれた世代です。彼らの中には、生まれてから一度も手紙やハガキを書いたことがない人が、少なからずいます。日本郵便が「年賀状を出しましょう」と、人気アイドルを起用したテレビCMでどれだけ訴えたところで、暖簾に腕押し状態です。勤務先の大学の卒業生から、正月になると突然思い出したように、タダの「年賀メール」が著者の携帯に送られてくることがあります。最近では、SNSにとって代わられ、そのメンバーに入っていないと蚊帳の外です。ましてや、過去に一時期関わった教員にカネをかけてまで年賀状を出そうと思いつく、殊勝な学生など絶滅危惧種のようなものです。それが今の現実なのです。ちょうど、食べたことのない外国の料理が想像できないように、彼らには手紙やハガキ（しかも金がかかるもの）そのものが、食わず嫌い以前のものなのです。ただ、そのような日常的なコミュニケーション環境を整備し用意してきたのは、三〇代以上のオトナであり、彼らはその中で泳がされているに過ぎません。スマホさえあれば何の疑いもなく、何でもコミュニケーションできると、彼らは思い込んでいるようで、実は思い込まされているのかもしれません。いずれにしても、手紙に限らずスマホ以外の昔ながらのいくつかのメディアは、現在の彼らの多くにとって存在感が薄く、実に無力なのです。それが「ネット時代」というものの一面なのです。

本書では、ネット社会の今だからこそ、手紙について改めて深く考えてみたいと思います。手紙を通して、どのようなコミュニケーションが可能になるのか。長い歴史の中で培われてきた手紙に内在する「コミュニケーション力」とはどのようなものなのか。ネット社会だからこそ、より際立つ手紙の魅力とは何なのか。そして何よりも、多くの時代を乗り越えて、なぜ手紙は生き残り続けることができたのか。さらに、これからの時代の中で、引き続き手紙を使うことに、どのような意味が見出せるのか。

コミュニケーションのためのメディアは、時代の流れとともに多様化してきました。身振り手振りに始まり、会話やメモ、ハガキや手紙、新聞やラジオやテレビ、電話やファックス、そしてインターネット……と、いろいろあります。それらの中でも、手紙は長い歴史をもち、さまざまなルールやスタイルが生み出され、世界中で利用され愛され続けてきたメディアです。対面で会話することと同じように、はてしなく長い時間をかけてコミュニケーションの工夫が凝らされ、極めて完成度の高いメディアとして現在に至っています。

そして、手紙の本質を理解すること。それは、単にコミュニケーションがうまくなるといった小手先のレベルを超えて、いつの時代にも通用する、豊かなコミュニケーションの秘訣を体得することに他ならない。そう、著者は考えています。

ただ、手紙といっても詳しく見ていけばさまざまです。知り合いに宛て、単に何か用件を伝えるための手紙だけではありません。見知らぬ相手との文通が、個人情報保護法による制約下でも仕組みを工夫しながら、現在でも行われています。また、いくつかの自治体や企業では、手紙を絡めたコンクールやイベントがいろいろと行われています。しかも、一〇年、二〇年と、何年も続けられている様子が見受けられます。そのような企画の中では、手紙を送る相手が、現在生きている人ばかりとは限りません。亡くなった人やペット、また未来の自分への手紙もあります。

近代以降の日本社会では、文通など手紙の積極的な利用が日常生活の中で活発に行われていたのは、昭和三〇年代だといわれています。ただ、現在の私たちの手紙との関係と比較すると、その様相はかなり異なっています。とはいえ、現在でもなお手紙の利用自体は、廃れることなく引き継がれていることも、まぎれもない事実です。その事実を踏まえ、その様子を丁寧に深く掘り下げていけば、そこにはきっと、時代を超えた手紙ならではの「コミュニケーション価値」が映し出されており、現代でも手紙を超えて広くコミュニケーション全般に応用できる知恵に気づくことができると、著者は確信しています。

本書の構成を、簡単に紹介しておきましょう。

第1章では、まず現在の手紙と私たちの距離感を、眺めてみたいと思います。

最初は、日本の歴史の中で手紙がどのように変化してきたのかを、ざっくりと押さえてみます。その上で、手紙がもつメディアとしての特性を整理してみたいと思います。そして、ネットとの比較を中心に、デジタルとアナログとの違いにこだわりながら、手紙の魅力に触れてみたいと考えています。

さらに、そのようなメディア特性を十分理解した上で、手紙をモチーフにした小説に少し目を向けてみたいと思います。二〇〇〇年代以降の比較的新しい作品に限ってみても、手紙を絡めた作品が意外と目につきます。最近の日常的な姿を投影するのであれば、スマホでのやり取りがもっと登場してきてもよさそうなところです。でも、なぜか手紙が物語の鍵を握るケースがよく見られます。なぜ、小説には手紙が使われやすいのか、そこに示唆される手紙の本質を少し探ってみたいと思います。

第2章では、現在のネット社会に置かれた手紙の現状を、著者自ら行った手紙に関するインターネット調査結果からクローズアップしてみたいと思います。

この調査結果によると、現在も手紙は決して軽視されていません。何か特別なものとしての存在感が、浮かび上がってきます。そして、なぜか圧倒的に女性主体のメディアになっています。そこには「手書き」へのこだわりが認められ、「ココロ」につながる何かが存在しています。

一方、手紙の利用や書き方を学校で学ぶことは、現在あまりありません。どちらかというと、ネット利用への偏りが感じられます。手紙の置かれている現状を思えば、現実的にはネットと手紙を生活の中でいかに使い分けられるか、そのような知恵が今求められていると思っています。本書の前提として、現在のリアルな手紙の姿を、調査結果を手がかりに、いくつかの角度から見つめていきます。

第3章では、現在もなお生きている、ちょっと不思議な手紙の世界を、いくつかのぞいてみたいと思います。

まず、四半世紀以上も続く手紙コンクールが、今もいろいろな地域や企業で行われています。それらは、まちの魅力づくりや広報活動の工夫の一つとして、地道に取り組まれています。そして、その活動には手紙のもつさまざまな魅力が、多様に発揮されています。

さらに、現代アートの中で息づいている手紙の世界にも目を向けてみます。現代アートでは、常に先端的な試みがなされています。手紙の基本ともいえる送り手と受け手のやり取りを、偶然のマッチングに委ねる試みや、すでにこの世にいない相手など受け手の実在しない手紙をあえて受け入れてみる試みなど、そこには不思議な世界が展開しています。当然、相手からの返事が来ることはありません。でも、それでいいのです。それが、現代アートなのです。そのような、現実から少しトリップした手紙の姿にも、発想を広げてみます。

第4章では、今度は文通の世界に目を向けてみます。「手書き」で時間をたっぷりかけて生み出され、交換され、そして大切に保管される手紙の世界です。そこでの手紙の存在感とは、どれくらいのものなのでしょうか。また、文通相手との間に生まれる絆や変化、お互いの影響力とは、はたしてどれくらいなのでしょうか。当事者以外には、なかなかわかりにくい世界です。

ちなみに著者は、ここ二年ほど文通を趣味と実益（研究）を兼ねて、実験的に行っています。顔の見えない相手と、何の打算もなく、一定のサイクルの中で、素直に心のうちを語り合うことの面白さと魅力を実感しています。自らの体験談も少しだけ交えながら、文通の世界を描いてみたいと思います。ネット時代では「面倒くさい」とも思える手紙を、あえて手間暇と多少のコストをかけてまで生み出そうとするのはなぜか。ディープな文通の世界を、当事者としての視点も組み込みながら、考えてみたいと思います。

第5章では、それまで紹介してきた多様な内容を踏まえ、手紙のコミュニケーション分析を、自分なりに行ってみたいと思います。

まず、手紙というメディアがもつ際立った機能や、その意味を改めて考察していきます。手紙は、実に豊かな表現ができるメディアです。また、そこから生み出される関係は独特なものです。そして、心の中だけでなく想いのこもった形あるものとして、大切に残されていきます。そのような機能により、手紙が生み出すコミュニケーションの魅力を支えているものとは何なのでしょうか。おそらく、そこには手紙というコミュニケーションのもつ本質的な価値につながる「何か」があります。その「何か」を明らかにしつつ、手紙が時代を超えて存在し続けてきた理由を、改めて自分なりにまとめてみたいと考えています。

第6章では、時代を超えても変わらない、つまり不易な手紙のもつ魅力を、現在のネット社会や今後に活かしていくことで、私たちの日々のコミュニケーションをどのように豊かにしていけるか、また身近な世界の中で心地よい関係をいかに築いていけるか、また手紙の未来についても、いろいろ考えてみたいと思います。

茶道の世界では、作法が大切にされます。形から入りつつも、ゆっくりと時間をかけて「茶の心」を身につけていきます。急いで意味を考えようとするのではなく、心身ともにその世界に入り込むことで、季節を感じ、自然の中にその一部として自分が包み込まれていることに気づくものだと耳にしたことがあります。茶道の世界に学びつつも、手紙が生活の中にあることで何が変わるのかを考え、また「手紙道」という学びについてもイメージを膨らませてみたいと考えています。

そして、第7章では、少し手紙から離れ、生活の中でいかに言葉と向き合うかについて、補足的に考えてみたいと思います。

生活の中に、言葉が溢れているとはどういうことなのか。足元にある言葉に無理なく気づき、一つひとつの言葉を味わいながら、心豊かに暮らしていく生活とはどのようなイメージなのか。そのようなことを、ある事例を参考にしながら、個人の生活だけでなく、周りの社会の生活にまで広げて考えていきます。

最後に、「手紙のある生活」への一つの提案として、文通のススメをまとめてみます。合わせて、生活の中に手紙がどのように位置づけられるかについて、私見を提示したいと考えています。

ネット社会では、言葉が溢れている一方で、一つひとつの言葉が軽くなりがちです。そのことについても、改めて考えることができればと思っています。


「手紙は、手紙にして、手紙にあらず。」

昔から「筆まめ」な人は、コミュニケーションの達人でした。柔道や書道のように、「手紙道」があっても良いのではないでしょうか。

本書では、手紙について深く考えを巡らせながらも、結局のところ「コミュニケーションとは何か」について、考えを巡らせていることに他なりません。ネット社会に生きている多くの人たちが、本書を通して手紙への再評価だけではなく、それぞれの日々のコミュニケーションについても、改めて考えるきっかけになれば、著者としては望外の幸せです。

二〇一九年一月吉日

著者

目　次

第1章 メディアとしての手紙

手紙の歴史から見えるもの

「日出る処の天子、書を日没る処の天子に致す、恙無きや、……」（『隋書』巻八十一・倭国）

ご存じのように、これは聖徳太子が隋の煬帝に宛てた手紙の一節です。現在から一四〇〇年あまり前の六〇七年に、この国書を携えて隋に渡ったのは、遣隋使に任命された小野妹子らです。彼らが煬帝の不機嫌さをどのように目にしたのか気になるところです。

ただし、翌年小野妹子らの帰国に伴って来日した隋使一行が、隋へ帰国する際に朝廷から託された煬帝への国書は、次のようになっています。

「東の天皇、敬みて西の皇帝に白す。……。謹みて白す。具ならず。」（原文は漢文、東の国なる天皇から、西の皇帝陛下につつしんで、一筆申し上げます。……。つつしんで申し上げます。……）

二つの国書を比較すると、相手への姿勢が、まるで違うことがわかります。国書は、一般の手紙のような私文書とは異なり外交文書です。しかし、遠い昔から国書のような手紙を通して送り手の思いや姿勢が、まるで送り手の分身のように相手に伝えられていることがわかります。単に記されている内容が、情報として届けられるだけではないのです。

また、書き出しに「敬白」が用いられ、最後の書き止めが「謹白不具」となっています。これは、相手への深い敬意を表すスタイルです。大元は、隋王朝の文書ルールである書札礼によるわけですが、現在の私たちの手紙にも、「拝啓」「謹啓」などで書き出し、「不具」「敬白」「早々」などで終えることは珍しくありません。なんと、千数百年以上にわたり引き継がれている文書スタイルなのです。そう思うと、手紙というメディアのもつ歴史の長さと不易さが、際立って感じられます。

一方、日本における手紙の変化や社会の受け止め方について、大きな時代の流れの中で見ていくと、次のような概略を描くことができます。

まず、奈良時代までの手紙は、聖徳太子の国書に見られるように、隋や唐の影響をストレートに受け、隋の書札礼や唐朝による漢文で書かれています。手紙の研究者である小松茂美氏は、次のように述べています。

「われわれが、今日、文献や遺品によって見ることのできる古い時代の手紙は、八世紀、奈良時代に入ってからのものである。すべての文物が唐朝の模倣に終始したように、手紙の文面もまた、中国風のまる写しであった。むろん、書式や儀礼についても同様である。しかしながら、これはあくまでも高官たちの公的な往復手紙の場合であって、私的なものには、それほど喧しい規則はなかった。」（『手紙の歴史』一一頁）

そのような中で、奈良時代には『万葉集』に見られる万葉人たちによる手紙が登場してきます。そして、私的な恋文などが盛んに書かれるようになりました。漢字の音を話し言葉のようにあてた

「万葉仮名」は、手紙の中に思いや感情をいかに込めようとしたかを示す、工夫の一つだといえます。

平安時代になると、京都の貴族の間で、さまざまな手紙がやり取りされるようになってきます。男性同士では、基本的に従来のように漢文の書状がやり取りされます。一方、女性同士、または女性と男性の間では、仮名によるやり取りが見られるようになります。手紙は、消息や「ふみ（文）」と呼ばれ、和歌を中心に会話体で盛んにやり取りが行われます。文面では、和歌に託した恋文が象徴的です。和歌は、相手との継続的なやり取りが前提になっていますので、当時の文通のようなものかもしれません。文面以外でも、使用する紙へのこだわりが見られます。当時は、便箋にあたる「料紙」として、墨が映える色の白さから「陸奥紙」が好まれ、多く使われたといわれています。また、封筒はまだなく、梅の花の咲いている折枝に巻き付けて相手に渡すなど、手紙の形状にもさまざまな工夫がなされるようになっていきました。

このように、平安貴族の間ではすでに、手紙は文面だけでなく、料紙や折枝にまで工夫を凝らしたひとまとまりのある存在、すなわち大切な相手への継続的な「贈り物」としての役割が出てきた点に注目できます。

他方、小松氏が指摘するように、別の点も見られるようになってきます。

「平安時代に入り、京都の貴族たちの間に、実生活に即応するよりも、形式や先例故実を重んずる風が生まれ、また、文筆に携わる家々が世襲化するとともに、手紙の書き方においても、身分の違いによるさまざまな作法や定式がつくられた。それが、すなわち、書札礼というものである。……」（『手紙の歴史』一一頁）

手紙というものが、衣服などと同じように少しずつ日本風になり、身分に応じた形式や作法を体現したメディアになっていったことがわかります。

とりわけ日本風の書札礼では、藤原明衡（九八九〜一〇六六）の『雲州消息』が手紙読本の大元となっています。明衡は、文章博士敦信の子であり、尊仁親王（後の後三条天皇）の東宮学士となった、文章の才に秀でた人物でした。

この書札礼によれば、たとえば、文面の最後の書き止めに「謹言」などを書き、日付を入れ、下に差出人、そして上に相手の名を記すといった、現在でも改まった手紙に用いられている書式が、すでに平安時代にできていたことがわかります。

また、文筆に携わる家々が世襲化する流れの中心に、右筆の存在がありました。公家であれ武士であれ、高貴な人には特定の右筆が存在し、世襲されていきます。右筆は、単に美しい文字や文章を高貴な人に代わって清書するだけではなく、文案を練るなど代筆者に近い存在でもありました。

現在でも、企業の社長のあいさつ原稿や直筆の手紙を、秘書が代筆することは珍しくありません。

また、第二次世界大戦後の東京渋谷にあった恋文横丁で、代書屋が本人に代わって恋文を代筆することが盛んに行われました。それは、ある意味で右筆の一般化ともいえます。

右筆の存在は、次の二点を示唆しています。一つは、送り手の社会的立場に応じた違いはあるにせよ、手紙の存在が相手に大きな影響を及ぼすことが社会的に広く認められたことです。手紙の重要度が、次第に増していったことがわかります。そして、もう一つは手紙を書くことの「専門職化」です。書札礼が少しずつ整備されていくにつれて、それを専門的に活用し、手紙を通した要人の社会的影響力を陰で支えた存在が、徐々に定着していったことがわかります。右筆の存在を踏まえると、手紙は送り手個人の中だけで完結するものとは、必ずしもいえません。つまり、手紙は送り手の社会的立場や内容にもよりますが、社会的なコミュニケーション・メディアとして、極めて慎重な取り扱いが求められる存在になっていったのです。そして、その出来次第で、物事がうまく進んだり、進まなかったりと、単なる個人的な伝達ツールをはるかに超えた存在感を示すようになりました。それは、個人による社交的な贈り物にとどまらない、もっと大きな力を受け手に対して発揮していたことがイメージできます。このような状況は、マス・メディアが登場する一九世紀頃まで、手紙がもち続けた不易な社会的役割として続いていました。

手紙の歴史の中では、他に注目できる点として、かなの発達とともに広がった女性の「散らし書き」があります。これについて、小松氏は次のように述べています。

「かなの発達は、『古今和歌集』の撰進と同時に、ピークに達する。いうまでもなく、漢字の草書体を母体として、草のかなを経て、女手に至る。和歌を書く、手紙を書くという実用的な要求と、当時の人々の美意識が拍車をかけて、かなは単純化の道をたどり、やがて平明な女手が誕生したのである。……

しかしながら、ここでは書風についてとりあげる。活字で示すように、第Ⅱ種は、各行の頭を揃えて書かれているのに対し、第Ⅰ・Ⅲ種は、各行に高低や返し書きの形式をとっている。平がなの連綿（つづけ書き）が巧みで、四字、五字、あるいは、それ以上の字粒が、一本の線でつながれている。かなの美しさを無限に展開させているのである。」（『手紙の歴史』九三―九頁）

「散らし書き」とは、要するに、紙面をキャンバスに見立て、自由に文を書き綴る書風のことです。そして、平安貴族たちにとっては、それが手紙の書式の理想とされていました。手紙の内容だけでなく、その文字を自由に配列し美しく展開するところにまで、美意識を見出していたのです。このことは、漢文で書札礼に従って書かれていた奈良時代までの手紙では考えられないことでした。日本独自のかなの発達が、手紙という場での美意識の発達につながっていたことは、実に興味深い点です。

さらに、江戸時代になると、女性の手紙はすべて「散らし書き」で書かれるようになっていきました。『女教文章』は寛保二（一七四二）年に出版された女性用の手紙教本ですが、「五段かえし散し文」や「三段がえし散し文」など、室町時代にまとめられた「女房奉書」が元になっています。また、文面については、娘、下女、後家、遊女など、階層ごとの手本が示されています。

以上のような「散らし書き」の展開を踏まえると、手紙のもつ表現の多様性や、そこに込められた暗黙のルールの存在が改めてわかります。とくに、女性が私信として出す自由度の高い手紙には、文面だけでなく、直筆そのものや散らし具合から伝わるものなど、さまざまな手がかりが手紙という場に凝縮され、展開されています。そのような工夫が凝らされた手紙の文面は、ちょうど対面で会話するときに、相手の表情やしぐさから伝わる非言語コミュニケーションに近いものに思えます。しかも、そのような表現の工夫を、当時の女性たちが教本を通して学んでいるのです。その点が、平安時代から江戸時代まで続く、女性の手紙のもつコミュニケーション・メディアとしての不易な存在感であり、その大きさをうかがわせます。

ここでひとまず、日本における手紙の歴史を要約しておきましょう。

手紙は、奈良時代より前に、中国から手紙の原型となるスタイルがもたらされました。平安時代以降は日本流のスタイルが少しずつ整っていきました。そして、時代ごとの工夫が加えられながら、日本独自の展開がなされていきました。そのような状況は、江戸時代まで継続され、書き手の社会的立場や階層により、書式や書き方の違いが明確に分化されていきました。その結果、手紙というメディアは、文面以外にもさまざまな情報や意味が加えられ、凝縮された存在になっていきました。また、気軽な日常的なやり取りから、重要な意思を伝えるものまで、幅広く活用され工夫が凝らされるメディアとなっていきました。

このように、時代の流れに応じて、送り手の属性に合った手紙のスタイルの多様化が見られる一方で、手紙という存在の社会的な価値は一貫して変わりませんでした。それは、政治経済に限らず、日常生活全般にわたり、各時代の社会に受け入れられてきたからだといえます。

明治時代以降になると、社会のインフラとして郵便制度が整えられました。そして、手紙の利用がさらに大衆化し、社会の隅々にまで手紙の利用が広くいきわたっていくことになりました。

この節では、手紙の歴史的な考察が主目的ではありませんので、このあたりでとどめておきます。次に、日本での手紙の長い歴史の中で培われてきた、手紙ならではのメディア特性について考えていきましょう。

手紙ならではのメディア特性とは

メディア特性を考える場合、いくつかの視点を設ける必要があります。

まず、対象が挙げられます。手紙の場合は、基本的に相手は特定の一人です。しかし、何度かやり取りすることも十分考えられます。つまり、相手を特定の読者として限定し、その相手を意識した内容やスタイルを考え、手紙を仕上げていくことになります。そして、文通のように、ときに相手とのやり取りを重ねながら、手紙の内容が続き物のようにどんどん展開していくこともあります。

一般的に本の原稿を書く場合とは「似て非なるもの」です。有名な作家の書簡集が、本にまとめられていることがよくあります。どちらも形態は似ていますが、小説であれ評論であれ、想定される読者の幅が広がり、手紙とは雲泥の差となります。手紙の場合は、相手に合わせて親しみのある砕けた表現が使われたり、話し言葉で書かれたりすることが多く見られます。相手さえ受け止めてくれれば、それで十分なのです。逆に、相手を意識しない、一般論ばかりの硬い内容の手紙だと、いくら読みやすく書かれていても、相手に真意がなかなか伝わりません。手紙の場合は、とにかく相手への想像力と、相手の思いに可能な限り応えていく工夫が求められるのです。

では今度は、ＳＮＳでの書き込みと比較してみると、どうでしょうか。ＳＮＳといってもLINEとTwitterでは、対象の幅が異なるでしょう。ただ、いずれの場合でも、誰かに向けて書いているようでありながら、相手に対する意識は非常に曖昧です。不明確な相手に向けて、個人的な内容をつい書いてしまいがちです。しかし、相手も曖昧なまま、それを受け取ることが少なくありません。相手といってもさまざまですから、人によって多様な解釈が行われます。そして、そういったやりとりの中では、誤解が容易に生じやすくなります。

一方、本の場合は想定読者がかなり広がりますが、基本的に一方向のため、受け手の理解力に応じてメッセージが伝わります。受け手は、内容が十分理解できない場合でも、自らの理解力のなさを意識しがちです。仮にその内容が自分の価値観と異なり、受け入れがたい場合は「その本は自分には合わない」「十分理解できるところまで自分のレベルは至っていない」などと考えながら、相手からのメッセージを誤解することなく、その著者から離れていくことになります。

このように考えてみると、手紙の場合は特定の相手であり、やり取りを継続していく可能性のある相手であることが、メディア特性に大きく影響しています。それは、送り手の受け手への想像力が試されるメディアだと言い換えることもできます。このことを理解しないと、つい自己満足な内容を、手紙では一方的に書いてしまうことになります。手紙の場合は、相手と対面しながら、会話する状況に近いでしょう。それを忘れてはいけません。

次は、情報の量や質について考えてみましょう。

手紙は、情報量から見ると決して多くはありません。内容にもよりますが、便箋三枚も書けば相手に思いが十分伝えられると考えがちです。枚数がそれ以上になった場合は、最後に「長文になり失礼しました」と、つい書いてしまうことがあります。また、送料もそのあたりから段階的に上がっていきます。

一方、情報の質から見たとき、文字量以外でもさまざまな手がかりを、手紙の中に組み込むことができます。たとえば、便箋や、筆記具、そして何よりも「手書き」による文字、さらに文字以外ではイラストが入る場合もあります。平安貴族が恋文をさまざまな折枝に結んで相手に届けたように、封筒も含め、手紙というスタイル全体で、相手に多様なメッセージを届けることができるのです。また、手紙のやり取りを継続していけば、前回までとの比較も可能となります。そのような継続的な関係になると、急に便箋の枚数が減ったり、簡単な事務用封筒に代わってしまったりした場合は、それだけでも相手との関係の変化を暗示させます。

つまり、手紙のメディア特性として、情報量は限られている一方で、手紙全体でさまざまなメッセージを込めることができます。つまり、手紙全体としては、情報の質は多様で濃いメディアだといえます。別の言い方をすれば、テキスト・データ以外に組み込める情報が豊かなのです。

ただ、そのような多様な情報が、相手にメッセージとしてどの程度しっかり届くかどうかは、相手次第ともいえます。どんなに、皮肉を込めた手紙に設えても、相手が鈍感であれば、ほとんど伝わらないこともよくあります。手紙は、そのような双方の感性と暗黙の理解の上に立って、やり取りが継続されていくメディアなのです。このあたりは、メディアとしての手紙の強みだといえますが、一方で手間暇がかかることなど弱みにもつながります。

さらに、手紙というメディアの時間との関わりについて考えてみましょう。

手紙の時間感覚に近いメディアとしては、新聞がイメージできます。最新の情報が、早くて翌日以降になることや、文字を丁寧に追いながらメッセージを読み取ることから、新聞の時間感覚が生み出されます。テレビやインターネットの速報性との違いと比較しながら、いかに新聞が時代に取り残されているか、といったコメントをよく耳にします。しかし、新聞に示される時間感覚のメリットについては、あまりコメントされることはありません。たとえば、文字を丁寧に読み取ることは、情報を客観的かつ冷静に受け止める姿勢につながります。一日単位でしか最新情報が来ないことは、気になった記事についてゆっくりと一日考える余裕が生まれます。そして、受け手が重要だと認めた記事は、クリッピングされることで必要なときに再利用が可能となります。このような特性は、まさに手紙にも共通するメリットではないでしょうか。情報の迅速さや手軽さが、すべてに優先されるわけではありません。そこには、思考する時間との関連性を組み込むことで、迅速さや手軽さにはない良さが出てきます。それは、深く考える余裕や腹落ちするように理解する余裕を生み出します。このような見方をすれば、手紙のメディア特性として、新聞と同様に考える時間や余裕を生み出すことが挙げられます。

以上のように、基本的な手紙のメディア特性を挙げておくとしたら、対象への想像力の必要性、表現の多様性による情報の質の豊かさ、そして考える時間を生み出す余裕を、プラス面としてここでは指摘しておきます。

人は手紙にどのような魅力を感じるか

手紙というメディアのプラス面の特性が、手紙の魅力にどのようにつながっていくかについて、さらに考えてみます。

まずは、手紙によって、受け手にとって理解可能な「送り手らしさ」が伝わることです。仮に初対面の手紙であっても、送り手がどのような思いや姿勢で受け手に向き合っているかは、手紙から十分伝わるものです。たとえば、編集者が初めてある作家に原稿を依頼するとき、直接会って依頼理由を説明し、お願いするのが最も望ましいと思われます。ただ、多忙などの理由から次善の策として、丁寧な手紙を書き、思いをしっかりと伝える場合でも説得力は十分あります。そのとき、編集者は自己紹介を通して、自分の人となりを伝えつつ、その作家にとって編集者である自分と関わることが、お互いにとっていかに意味があるかを、手紙の中にメッセージとしてしっかりと組み込めなければなりません。送り手の品性や作家に対する思いが、手紙の中にさまざまな工夫を通して表現されていることが必要なのです。どんなに素敵な文面であっても、無味乾燥な事務封筒に入れられた便箋に、ボールペンで事務的に書かれていたり、ワープロ原稿の使い回しを思わせたりする手紙では、文面の価値が一気に下がります。また、受け手の作家は、自分に対する扱いの程度を、そこから推し量るでしょう。手紙における「その人らしさ」とは、手紙全体に込められたさまざまな手がかりを通して、受け手に自然に伝わる工夫そのものです。もし、パソコンからメールで原稿依頼をする場合でも、初対面であればそれだけ、自分らしさと信用をうまく伝える必要があります。しかし、メールでできる工夫と「手書き」の手紙でできるそれとは、雲泥の差があります。逆にメールの場合は、気持ちを偽って良い人を演じることは難しくないかもしれません。ただ、メールでは文面以外の手がかりが少ないため、うさん臭さに陥らずに信頼を得られるかは容易ではないでしょう。

つまり、手紙の魅力の一つは、手紙を通してまるでその人の「分身」が感じられるところにあります。それは、手紙がその人らしい等身大の姿として相手に伝わることであり、その手紙を見ただけで相手のリアルなイメージが、まとまった形で伝わることでもあります。亡くなった家族の手紙や、かつての恋人からもらった手紙などは、まさにその象徴でしょう。

さらに、手紙の魅力を挙げると、ピュアな気持ちや本音など、内面が比較的ストレートに伝わるところがあります。対面の場合は、表情やしぐさなど非言語コミュニケーションも多く、意外に外見に囚われがちです。そして、メッセージは相手への印象により、歪む場合がよくあります。つまり、見た目から受け取る印象が、少なからず影響を及ぼすわけです。

しかし、手紙の場合は文面だけでなく、さまざまな工夫が凝らされた手紙全体が主となりますので、送り手の外見は背後に追いやられます。その結果、文面を中心とした手紙全体から届けられるメッセージが、あまり歪まず受け手に伝わります。このことは、ちょうどテレビと新聞で、伝わり方が異なることに似ています。テレビでの時事解説者は、外見や話し方によって印象が作られ、その上でメッセージが伝わってきます。しかし、同じ解説者が新聞で時事解説を行った場合は、記事内容がその人の見た目の印象をはるかに凌ぎます。たとえば、新聞の署名記事で名前をよく知っていたジャーナリストが、ときたまテレビの解説者としてコメントをしている様子を見たとき、記事をもとに自分が抱いていたイメージが大きく変わることがよくあります。たとえば、そのジャーナリストが、砕け過ぎた雑な話し方をしていると、「立派なことを言っていても、こんな人なんだ」と、そのイメージから評価が下がるわけです。

それだけ、映像主体のメディアなのか、活字主体のメディアなのかにより、受け止め方は大きく異なってきます。このように考えれば、手紙は新聞の魅力に近い存在として受け止めることができます。つまり、手紙は余計なイメージに惑わされずに、手紙全体に込められた相手からの手がかりを中心に、心と心、本音と本音のやりとりがしやすいメディアだといえるでしょう。

最後に、もう一つ手紙の魅力を挙げるとしたら、手紙はモノとしてのカタチを備えていることです。つまり、目に見える手応えがあり、贈り物のようにお互いが保存できる「形あるモノ」でもある点です。

現在のようなネット社会に生きていると、情報の手応えについてふと考えることがあります。たしかに、パソコンやサーバーには、実に大量のデータが蓄積されています。クラウド化されたネットワーク時代では、個人が情報を保存する必要など、どんどんなくなってくるのかもしれません。しかし、どんなに時代が変わっても、大きなトラブルは必ずあります。大地震のような天変地異はもちろん、ネットワーク社会ではシステムダウンなどの大きなトラブルが起きると、一瞬にしてそのデータは消えてしまいます。人為的なサイバー攻撃やクラッキングなども珍しくありません。

もちろん、大切なデータはこまめに保存しておくなり、バックアップをとっておくなりしておけばよいのかもしれません。ただ、個人がいちいち保存しなくてもいい点が、ネットワーク社会の良さなのです。現代のネット上の膨大なデータは、このようなジレンマの中で、常に一瞬の隙への不安の上に成り立っていることは事実です。まさに「砂上の楼閣」にすら思えるときがあります。その意味で、手紙は送り手が手作りで生み出し、受け手はそれをモノとして確認することができます。このことは、当たり前のことのようで、実に深く大きな意味をもっています。

それは、受け手の意思さえあれば、時代を超えて手紙は遺産として、残り続けることができるからです。また、どの時代の人間であっても、史料として残された手紙の内容を理解することはさほど難しくありません。紙の書物もその特性として似ていますが、モノとしてのシンプルさに伴う長期保存性は、どの時代の人間が取り扱う場合でも通用する大きな強みだといえます。

以上述べてきたように、三つの大きな手紙の魅力は、もちろん不便さの裏返しでもあります。しかし、手紙には不便さとは引き換えにならないくらい大きな魅力が、多くの人たちに時代を超えて理解されてきたからこそ、現在にまで延々と引き継がれてきたのではないでしょうか。

現代小説のモチーフとしての手紙

では、今度は手紙が現在どのような形で登場するか、その一面について見てみましょう。

一九九〇年代後半以降、ネット社会が日常化していく中で、年賀状に象徴されるように、手紙の存在感は少しずつ薄らいできています。その一方で、なぜか小説の世界では、手紙は物語の鍵を握る重要なメディアとして、以前と変わらず積極的に活用されています。

たとえば、二〇〇〇年以降では『手紙』（東野圭吾著、二〇〇三年）をはじめ、『手紙屋』（喜多川泰著、二〇〇七年）、『代筆屋』（辻仁成著、二〇〇八年）、『夕焼けポスト』（ドリアン助川著、二〇一一年）、『あん』（ドリアン助川著、二〇一三年）、「遠くから来た手紙」（荻原浩著『海の見える理髪店』所収、二〇一四年）、『ツバキ文具店』（小川糸著、二〇一六年）など、話題になりドラマや映画化された作品も少なくありません。少し前に遡ると、すべて手紙の文体で書かれている『十二人の手紙』（井上ひさし著、一九七八年）や芥川賞受賞作の『佐川君からの手紙』（唐十郎著、一九八六年）など有名な作品も見受けられます。手紙は、人物造形やクライマックスのしかけとして、とても有効なスタイルではないかと思います。

そこで、手紙をモチーフとした現代小説を、前記から二つだけ採り上げて、解説してみたいと思います。

一つ目は、『ツバキ文具店』です。

まず、ストーリーの設定と手紙との関わりを簡単にまとめると、次のようになります。

「ツバキ文具店」とは、鎌倉の山のふもとにある、小さな古い文房具店です。その店主の雨宮鳩子が主人公で、日々手紙関係の文房具を商いつつ、手紙の代書を請け負っています。代書といっても、手紙だけではなく、和食屋のお品書きから祝儀袋の名前書きまであります。

物語は、離婚の報告、絶縁状、借金の断りの手紙といった、さまざまな手紙の依頼に鳩子が時間をかけて悩みながら、最善の回答を手紙というスタイルで示していく流れで進んでいきます。

依頼された手紙はいずれも難題ばかりですが、単に文面の工夫だけではなく、どのような道具（便箋や筆記用具など）で表現するかまで考え抜き、回答としての手紙が完成していきます。読者は、手紙が生み出されていくプロセスを、まるでドキュメンタリーを眺めるように読み進めていくことになります。

依頼者と主人公との関係を一般化してみると、主人公である鳩子は悩みを抱えた依頼者のカウンセラーのような立場で、相手と向き合います。そして、ゆっくりと診断し、処方箋としての手紙を差し出します。そのような流れを経て、依頼者の悩みが解決方向に向かっていくのです。

採り上げられた具体的な悩みを順に挙げると、次のようになります。

ペットの悲報を知り合いに伝えるもの。結婚を祝ってくれた人たちに離婚報告をするもの。幼馴染みで結ばれなかった婚約者へ、自分が大手術する前にお礼を兼ねた遺言のような近況報告をするもの。長年の友人から来た借金の無心を断るもの。汚文字（字が汚い）女性が、姑の誕生日にお祝いのカードを渡すもの。天国の旦那さんから認知症気味の連れ合いにメッセージを届けるもの。妹のようにかわいがってきたはずの相手に絶縁状を出すもの。生徒への行き過ぎた干渉が絶えないお茶の先生へ絶縁状を出すもの。いずれも癖のある依頼ばかりですが、それだけ手紙としての力量が試される手応えのある課題ばかりです。

それぞれの場面で、回答として差し出される手紙は、相手に送り手の真意を正確に伝えるだけではありません。さらに、送り手と受け手がともに気持ちよく「けじめ」がつけられるものとなっています。言い換えれば、手紙を通した双方の深い理解のもとで、その関係を再構築することにつながるものになっているのです。

そのようなしかけとなる手紙を書くために、主人公は時間をかけて悩み抜き、送り手と受け手の双方を深く理解しようと努力を重ねます。その上で、手紙というモノ全体を使って、最もふさわしい表現を試行錯誤しながら工夫を凝らします。その結果、双方の心の中には相手への深い思いがしっかりと根づくのです。おそらく、それぞれに届けられた手紙は、すぐに捨てられることなく、思いのこもった贈り物として、受け手の元でストックされていくでしょう。

表現の多様性については、同じ手紙といっても依頼者一人ひとりへのオーダーメイドであることから、さまざまなスタイルが生み出されていきます。断りの手紙は、毛筆でしっかりと書かれます。絶縁状はあえて左右逆の「鏡文字」で書かれ、送り手の胸のうちのジレンマを表現しようと工夫されます。離婚報告の場合は、手書きではなく敢えて活字で綴られることにより、冷静さが伝わるよう工夫がされます。このように、文面やそれを組み込むスタイルは一つひとつ異なり、実に多様なのです。

時間との関わりについては、完成形としてどのような手紙に仕上げるかについて、依頼者の代わりに主人公はとことん時間をかけて悩むことになります。そして、いずれの手紙にもたっぷり時間をかけて作成され、ここぞというタイミングで投函されます。このような手紙一通にかけられる時間は、受け手にとって待たされる時間です。そして、長く待たされたあげくに届けられる手紙の存在感は、それだけ大きなものとなります。また、受け手にとって予期せぬ「来訪者」として、突然やって来る手紙に驚かされる場合もあります。何かしら人との出会いを感じさせる重さが、それらの手紙にはあります。

いずれにしても、手紙に時間をたっぷりかけることは、手紙の存在感を高めることにつながっています。それは、ちょうど美酒を作る仕込みの時間に似ています。手紙の価値は、それにかけられる時間と深く結びついていることが改めてわかります。

そして、たっぷりと時間をかけて作られ、届けられた手紙は、手紙に込められた思いの重さゆえに、簡単に捨てられることはありません。手紙はメッセージを伝える手段であるだけでなく、受け手への贈り物としての意味も伴っていることに気づかされます。比喩的にいえば、送り手の「分身」として贈られるモノが、手紙というスタイルになります。まさに、「メディアはメッセージである」（マクルーハン）ことを、手紙は如実に示しているのです。

以上のように考えてみると、『ツバキ文具店』で描かれている手紙は、もちろんフィクションです。しかし、逆にフィクションの力を借りて、手紙の本質を強調していると見ることもできます。つまり、あえて手紙というスタイルにこだわることでしか表現できない何かが、ネット社会の現在であっても、読者の心を打ち続けるのです。

ちなみに、この作品の続編として『キラキラ共和国』が二〇一七年に出版されています。このことは、手紙をモチーフにした小説が、現在でも十分多くの人に受け入れられている証拠だといえるのではないでしょうか。

二つ目は、『手紙屋』です。この作品は、タイトルがそのまま手紙に直結しています。ストーリーは、主人公である就職に悩む大学四年生が、手紙屋との一〇通の手紙のやりとりを通して、就職への考え方や意識が大きく変わっていき、就職という人生で初めての大きな壁を何とか乗り越える、そのプロセスが描かれています。つまり、人生の節目を乗り越える上で、手紙がその人の精神的な成長を促し、決意まで導いていく役割が描かれているのです。

この作品では、手紙のやりとりは「桜の季節」から「黄色や赤の紅葉が美しい季節」まで続けられています。およそ一か月で二通のやりとりとなっています。このペースが、主人公には文通を通して、ゆっくりと考えを深め、自らの意思を固めていくために必要な時間になっていると考えることができます。

『ツバキ文具店』での手紙の扱いは、あくまで依頼者の代理人として主人公が最適な手紙を作成し、受け手との関係を変えていくしかけとして位置づけられています。一方、『手紙屋』では悩みを抱える依頼者と手紙屋が、手紙のやりとりを通して向き合い、お互いの意識を変化させていく役割を担っています。つまり、前者では、代書屋が送り手のカウンセラーのように、受け手との間を取りもつ立ち位置にいます。それに対し、後者では手紙屋が受け手となり、手紙を通して主人公である送り手のカウンセリングを行う立ち位置を取っています。そのため、受け手である手紙屋本人のことは、送り手である主人公と同様、文面を通してイメージするしかありません。

この作品では、『ツバキ文具店』に比べ、手紙による表現の多様性は示されていません。相手のことをとことん考え抜きながら、相手の心に刺さる言葉を通して、丁寧な文面を相手に届けることが、手紙の役割のほぼすべてとなっています。

ただ、注目できる点としては、ゆっくり手紙が書ける環境の整った喫茶店に、主人公がたまたま入り「手紙屋」の広告を見たことがきっかけとなっていること、そして見ず知らずの相手を信用し、手紙のやりとりを始めていることです。

つまり、相手に関する情報がほとんど得られなくても、丁寧に書き記された文面を通して、相手のイメージを膨らませつつ、やり取りを重ねながら相手への信用が高まっていく様子が描かれているのです。手紙をやり取りし始めた頃は、短かった双方の手紙の文面が徐々に長くなり、九回目の手紙屋の文面は五〇〇〇字を超えるところにまでなります。いわば、一〇回にわたるカウンセリングのようなやり取りの積み重ねにより、まるで相手が昔からの知り合いのような存在になっていきます。このことは、直接面と向かわなくても、相手との丁寧な手紙のやり取りによって、面談を重ねてできるような関係が築かれていくことを示唆しています。まさに継続的な手紙は「対話のプロセス」に近く、相手への信頼が高まればそれだけ、踏み込んだやり取りが可能になっていくメディアなのです。相手のことを最初はあまり知らなくても、丁寧な文通を続けていくことにより、昔からの知り合いのように送り手と受け手の間に信頼関係を築き上げるだけの力が、手紙には備わっているといえます。

時間のかけ方については、すでに述べたように、月に二回程度の手紙のやり取りがなされています。そして、やり取りをしていないときは、手紙の文面をじっくりと理解しようと繰り返し読み直し、考え尽くして返事を仕上げていく時間となっています。つまり、やり取りの回数の少なさは、手紙に向かって考える時間の長さでもあります。まさにこの作品は、手紙がもたらす、時間をかけて考えることの大切さをわかりやすく示してくれています。やり取りを重ねるに従って、それぞれの文面が少しずつ長くなっている様子に、そのことが象徴的に表れています。

そして、手紙のつながりについては、一〇回のやり取りが「文通」になっていることに示されています。一〇回の手紙は、連続する思考のストーリーであり、文通はお互いのコミュニケーションの場を、少しずつ広げていくことにつながっています。インターネットでのメールやSNSのコメントが、川の流れのようにひたすら続くフローだとすれば、手紙はやりとりを重ねるに従って、少しずつ水かさが増し、ストックされていく湖だといえます。つまり、『手紙屋』は時間をかけて手紙のやり取りを続けていくこと、さらにそれらを継続していくことで生み出されていく、コミュニケーションの場の広がりを、小説として示しているといえます。

ただ、現実にこのような手紙のやりとりを重ねていくためには、ある程度の手紙への習熟が前提として求められます。インターネットでのコミュニケーションが日常化している現在、手紙やハガキを書いた経験が乏しい若い世代が増えています。『手紙屋』のような手紙文化を支えていくためには、年少の頃から手紙に触れ、体験を通して習熟していくことが不可欠である点を忘れてはならないでしょう。

手紙利用の壁と可能性

この章の最後に、ネット時代の現在、手紙利用を阻んでいる壁とは何か、またそれを乗り越えるために何が必要なのかについて、少しだけ私見を述べてみたいと思います。

一般的に、メディア利用の壁には、大きく二つが考えられます。それは、時間的制約であり、技術的制約です。人間にとってメディア利用以前に、誰もが等しく一日の生活時間は二四時間が上限になっています。日本人の情報行動に関するさまざまな調査結果が、毎年発表されていますが、メディア利用とは二四時間の中でのそれぞれのメディアによる時間の取り合いといえます。

メディアごとに費やされる時間は、その時代の主流となるメディアが長くなる傾向があります。一九五〇年代までは、ラジオや新聞が多くの時間を占めていました。ラジオの場合は、「ながら利用」がしやすいため、新聞を読みながらラジオを聴くこともありました。また、その頃はマス・メディアが限られていたこともあり、人が直接会話をしたり、手紙を書いたりする時間も十分ありました。そして、一九六〇年代以降はテレビが一気に普及し、主役はテレビに移っていきます。テレビの観過ぎに警告を発した評論家の言葉である「一億総白痴化」は有名ですが、一つのメディアに偏り過ぎることへの警告は、いつの時代でも珍しくないことが、改めてわかります。テレビと同時に、マンガやさまざまな雑誌が多く発刊され、多くの時間が費やされるようになります。しかし、一九九〇年代後半以降は、ネット・メディアの広がりにより、パソコンからケータイ、スマホへとツールが多様化することで、インターネットに費やされる時間が急増していきます。

その結果、二四時間から締め出されていくメディアもまた増えていきます。会話であり、手紙であり、新聞であり、雑誌であり、要は手間や時間、そしてコストがかかり、面倒なものから締め出されていくわけです。現在は多様なメディアが混在している時代ですが、ネット・メディアと「ながら利用」ができるメディア以外は、めったに省みられなくなりつつあります。最近の多くのデジタルネイティブたちは、スマホによるネット利用が「ながらメディア」になっていますので、スマホを利用しながらテレビをつまみ食いするようなスタイルが一般的になっています。大学で学生たちの様子を見ていると、友達との会話すらも、スマホを利用しながら顔を合わせずに行われていることは珍しくありません。そして、二四時間のうちネット利用とテレビ利用を除いたわずかな時間が、他のメディアに分け与えられていくことになります。したがって、時間がかかるメディアの代表である手紙は、文通などの特定の利用者以外、残された時間の中に入り込む余地などなくなっていくのです。また、いうまでもなく、読書の時間も同様です。

一方、技術的制約でいえば、一定以上の世代にとって手紙は、珍しいものでも難しいものでもありません。書く内容はともかく、利用するための材料が揃えられていれば、何とか手紙を書くことはできるでしょう。もちろん、多少のコストはかかります。

しかし、デジタルネイティブと呼ばれる二〇代前半までの若者になると、気合いで「何とかなるもの」ではありません。手紙に不慣れな程度であればまだよいとしても、生まれてから今まで手紙やハガキを書いたことのない大学生は、決して珍しくありません。とくに、宛名書きの仕方や切手の貼り方すらおぼつかない学生がいるのが現状です。つまり、二〇代前半までの若者と、それより上の世代では技術的制約が大きく異なります。上の世代にとって、手紙は知ってはいるが手間がかかり面倒なものとして、二四時間から締め出されていくわけです。しかも、重さに応じた切手を貼って、ポストに投函しなければならないことが面倒くささの大きな壁となり、目の前に立ちはだかります。一方、二〇代前半までの若者にとっては、手間がかかり面倒でコストがかかるといった意識以前に、手紙の存在そのものが不確かであり、書くこと自体に大きな壁を感じてしまうことになります。

このように考えてみると、手紙を利用することに、強い動機づけがなければ多くの現代人にとって、手紙との接点を見出すことは難しいといえます。とりわけ、二〇代前半までの若者にとっては、利用するための基礎知識や慣れる機会が不可欠となります。

では、このような状況の中で、手紙利用の可能性はどの程度見出せるのでしょうか。言い方を変えれば、手紙を利用するための「強い動機づけ」をどのように考えていけるかです。

そのヒントの一つは、現在のようなネット時代においても、文通を継続している人たちの動機にあります。「文通村」の考え方を参考にしてみましょう。なお、「文通村」の取り組みについての詳しい説明は、第4章で後述します。

「文通村」（株式会社文通村）は、二〇〇九（平成二一）年にスタートした企業です。事業内容は、文通事業の他、ペン字ソフトやフォント、ペン字練習のためのサイトを運営しています。手紙を書くことにこだわった会社と見ることができるでしょう。同社の文通に対する考え方は、以下の通りです。

「現在のインターネット、メール、携帯電話などの進展は実にめざましいものがあります。
しかし、このような他者との距離を縮める便利な媒体が数多く存在する一方、
他人との本当の意味でのつながりは失われつつあります。
こんなにもすぐ連絡がとれるのに……なぜか寂しさを感じませんか。
こんなにも近くにいるはずなのに……なぜか距離を感じたりしませんか。

便利さと引き換えに私達は、せわしない生活を余儀なくされました。
メールを送れば、すぐに返事が来て当たり前。
遠くにいる友人も、すぐに連絡ができて当たり前。
そんな便利さの中で、
ゆっくり返事を待つ楽しみがあってもいいのではないですか。
ゆっくり返事を書く楽しみがあってもいいのではないですか。
文通は、私達にのんびりとした時間を与えてくれます。
そして、心のやすらぎを与えてくれます。
文通を通じておだやかな心の交流をしてみませんか。」

（文通村ホームページより）

一言でいえば、便利さの対極にあるのんびりした時間や、心の安らぎ、交流を、文通に見出しており、それを呼び掛けています。このような考え方の前提になっている視点は、便利さと引き換えに受け入れた「せわしない生活」への懸念です。つまり、手紙は誰かに情報を届けること以上に、「せわしない生活」を正常に戻し、心のバランスを保つために必要なしかけであり、一種のセラピーといえるのではないでしょうか。たとえていえば、身体を正常に保つためのサプリメントのような存在に思えます。

このように考えると、従来の手紙の機能と、現在求められている機能とはかなり異なってきているといえます。つまり、「心のサプリ」として手紙を捉え直し、それを必要とする現代人に受け入れてもらうことが、「強い動機づけ」の一つとなるのではないでしょうか。

もう一つのヒントは、「手紙道」ではないかと考えています。これは手紙のスタイルを、時代を超えた完成されたものと考え、その技を磨いていくものです。日本では「道」という捉え方が広く見られます。武道では柔道、剣道、空手道など、文化面でも書道、茶道といった、ある程度決められた作法の中で、その技を極めていくことを追究するわけです。そして、スポーツのように、試合により一位、二位といったランキングを競うものではなく、技の習得度合いに応じて、級や段位が定められ、名人位が設けられます。

手紙の場合も、同様な考え方が成立すると考えています。日本の文化を踏まえ、手紙の作法に則り、その技を極めていく。手紙は対話と同様、コミュニケーションの基本であり、その人が相手に対してどの程度のコミュニケーション力を有しているかを、見極める指標となるのではないでしょうか。一方、対話ではなかなか意を伝えられない人が、手紙を通してであれば非常に説得力のあるコミュニケーションが行える場合もあります。これは、ラブレターに象徴されるように、相手に心を込めてメッセージを伝えることで納得してもらう場合、手紙は最適なメディアだといえます。なぜなら、手紙はすでに述べてきたように、多様な表現が駆使でき、時間をかけて考え抜くことが可能であり、そして相手への贈り物としての性格を持ち得ているからです。また、技のレベルを評価する方法としては、俳句での句会が参考になると考えています。質的な総合評価は、単純に数値化できません。名人といわれる審査員による評価が最も妥当だといえるでしょう。

先に述べた「心のサプリ」は、多くの人にとって積極的な動機づけにならないかもしれません。それに対し、「手紙道」はその技を極めたい人にとって、追究し続けられる積極的な動機づけになることが可能でしょう。

現時点では、ネット時代の手紙というメディアに見出せる可能性は、以上の二点ではないかと考えています。このあたりについては、第６章で持論として詳しく述べてみたいと考えています。

第2章

ネット調査から見える手紙の現状

ネット社会の中の手紙

この章では視点を変え、ネット社会の現在、一般的に手紙がどの程度意識され、利用されているかについて、著者が独自に行ったインターネット調査の結果を見ながら考えてみましょう。

まず、調査概要です。この調査は二〇一八年一一月二七～二八日に、首都圏（東京、神奈川、埼玉、千葉）在住の一五～七五歳の男女を対象に行ったものです。そして、回答者のうち性別と世代を均等に五〇名ずつ抽出し、五〇〇名をデータ化しています。なお手法としては、ネット調査会社のクロス・マーケティングに委託し、同社のモニター会員を対象に実施しました。

質問項目としては、手紙の活用として、最近一年以内に手紙をどの程度出したか、受け取ったかについて、年賀状とそれ以外を分けて聞いています。手紙への意識では、「手書き」へのこだわりがどの程度か、手紙に対するさまざまな考えについてどう思うか、手紙の魅力と利用しづらさについての意見、最後にネット社会での手紙教育の必要性について尋ねました。なお、ここで対象とする手紙は、私用の封書とハガキに限定しており、ＤＭやビジネスレターは含まれていません。それぞれのまとまりごとに、ざっくりと結果を眺め、解説していきましょう。

1　最近一年以内の（年賀状を除く）手紙の活用

全体として、（年賀状を除く）手紙を出したことがない人は、平均五八・四％となっています。男性では、六〇代以降を除けば六割以上となっており、とくに五〇代は七割以上と高い数値が示されています。一方女性では、四〇代のみ六割を超えていますが、他の世代では平均の五三・六％を下回っています。とくに、六〇〜七五歳の女性は四四・〇％と最も低く、半数以上が現在も手紙を利用していることがわかります。

一方、受け取ったことがない人は、全体で四九・八％となっています。出す方と比べると一〇ポイントほど低くなっています。全体の傾向としては出す場合と似ており、一〜五通受け取った人に五ポイント程度が流れています。つまり、手紙を出したことのない人のうち五ポイント程度の人は手紙を受け取っており、手紙は出していなくても手紙に対する実感は多少もてているといえます。現状での手紙の利用自体は、性差や世代差は多少あるものの、意外と認められることがわかります。

（図表①）

2　減り続ける年賀状

年賀状は、傾向として年々利用が減り続けているといわれています。旧郵政省および現日本郵便が発表したデータによると、昭和二〇年代（一九四五〜五五年）では五億通ほどでしたが、昭和四〇

Q1　あなたは、最近1年以内に手紙（年賀状を除く）を出したことはありますか。該当するものを1つ選んでください。(SA)	該当数	ない	1〜5通ある	6〜10通ある	11〜50通ある	51通以上ある
	500	58.4	28.2	5.8	5.6	2.0
男性／15-29歳	50	60.0	30.0	8.0	2.0	0.0
男性／30-39歳	50	68.0	20.0	6.0	6.0	0.0
男性／40-49歳	50	66.0	*14.0	6.0	*12.0	2.0
男性／50-59歳	50	・72.0	**2.0	8.0	8.0	**10.0
男性／60-75歳	50	50.0	32.0	6.0	6.0	*6.0
女性／15-29歳	50	50.0	**46.0	4.0	・0.0	0.0
女性／30-39歳	50	54.0	38.0	2.0	4.0	2.0
女性／40-49歳	50	68.0	28.0	2.0	2.0	0.0
女性／50-59歳	50	52.0	36.0	8.0	4.0	0.0
女性／60-75歳	50	*44.0	36.0	8.0	*12.0	0.0
男性	250	63.2	**19.6	6.8	6.8	・3.6
女性	250	53.6	**36.8	4.8	4.4	・0.4

Q2　あなたは、最近1年以内に手紙（年賀状を除く）を受け取ったことはありますか。該当するものを1つ選んでください。(SA)	該当数	ない	1〜5通ある	6〜10通ある	11〜50通ある	51通以上ある
	500	49.8	33.6	7.4	7.6	1.6
男性／15-29歳	50	54.0	30.0	12.0	4.0	0.0
男性／30-39歳	50	54.0	30.0	6.0	10.0	0.0
男性／40-49歳	50	58.0	24.0	8.0	8.0	2.0
男性／50-59歳	50	・62.0	**12.0	6.0	12.0	**8.0
男性／60-75歳	50	46.0	32.0	・14.0	4.0	4.0
女性／15-29歳	50	46.0	・46.0	6.0	2.0	0.0
女性／30-39歳	50	44.0	・46.0	6.0	4.0	0.0
女性／40-49歳	50	56.0	36.0	2.0	6.0	0.0
女性／50-59歳	50	42.0	36.0	8.0	12.0	2.0
女性／60-75歳	50	・36.0	44.0	6.0	・14.0	0.0
男性	250	54.8	**25.6	9.2	7.6	2.8
女性	250	44.8	**41.6	5.6	7.6	0.4

図表①　最近1年以内の手紙の利用状況（年賀状を除く）(%)

※データの有意水準は、**：p<0.01、*：p<0.05、・：p<0.1と設定しています。

年代（一九六五～七五年）になると二〇億通を超えています。ピークは平成一五（二〇〇三）年で四五億通ほどになっています。しかし、その後減少に転じ、平成二九（二〇一七）年には三〇億通ほどになっています。現在はピーク時の三分の二程度であることがわかります。もちろん、これらの数字はビジネス用のＤＭも多く含まれていますので、私用の年賀状の正確な数はわかりません。ただ、二〇〇三年頃からケータイやスマホの利用拡大とともに、ネット活用の広がりがあると考えられます。背景にはケータイやスマホの利用拡大とともに、ＳＮＳが広く活用されるようになっていることを考え合わせると、その利用減の

今回の調査結果では、図表②のように、全体では年賀状を出していない人は四〇・八％となっています。一方、年賀状が届いていない人は二六・四％となっており、四分の三程度の人は現在も年賀状と接点があるといえます。そして、約一四％の人は受け取りのみとなっています。

また、男性では手紙の活用が最も低い五〇代でも年賀状に関しては、三割程度が一一～五〇通、二割程度が五一通以上出しており、半数以上が現在も年賀状を積極的に活用していることがわかります。つまり、普段は手紙とあまり縁がなくても、年に一度は年賀状を通して手紙に接しているといえます。女性の場合は、手紙の活用が最も低い四〇代でも、四割程度の人が一一～五〇通出しています。五〇代男性と同じく、四〇代女性も年に一度は手紙に接しているといえます。この世代は、男女ともに仕事を通じて、社会的な関係が広がっていると思われます。おそらく、普段は手紙と縁がなくても、年賀状は仕事上の付き合いとして義理で出している部分が多いと考えられます。

Q3　あなたは、今年（2018年1月）私用で年賀状を出しましたか。該当するものを1つ選んでください。(SA)	該当数	出していない	1~5通出した	6~10通出した	11~50通出した	51通以上出した
	500	40.8	13.6	9.8	26.0	9.8
男性／15-29歳	50	*58.0	*26.0	8.0	**8.0	*0.0
男性／30-39歳	50	**60.0	・22.0	6.0	**10.0	・2.0
男性／40-49歳	50	48.0	16.0	12.0	20.0	4.0
男性／50-59歳	50	36.0	*4.0	10.0	30.0	*20.0
男性／60-75歳	50	*26.0	6.0	10.0	24.0	**34.0
女性／15-29歳	50	・54.0	20.0	8.0	16.0	・2.0
女性／30-39歳	50	34.0	*26.0	14.0	24.0	・2.0
女性／40-49歳	50	40.0	8.0	10.0	・38.0	4.0
女性／50-59歳	50	30.0	8.0	8.0	・38.0	16.0
女性／60-75歳	50	**22.0	**0.0	12.0	**52.0	14.0
男性	250	45.6	14.8	9.2	**18.4	12.0
女性	250	36.0	12.4	10.4	**33.6	7.6

Q4　あなたは、今年（2018年1月）私用の年賀状が届きましたか。該当するものを1つ選んでください。(SA)	該当数	届いていない	1~5通届いた	6~10通届いた	11~50通届いた	51通以上届いた
	500	26.4	24.4	10.0	30.2	9.0
男性／15-29歳	50	**46.0	・36.0	6.0	**10.0	・2.0
男性／30-39歳	50	**48.0	32.0	8.0	**10.0	・2.0
男性／40-49歳	50	32.0	26.0	14.0	24.0	4.0
男性／50-59歳	50	20.0	・14.0	12.0	34.0	**20.0
男性／60-75歳	50	18.0	**4.0	12.0	30.0	**36.0
女性／15-29歳	50	・38.0	*38.0	6.0	*16.0	・2.0
女性／30-39歳	50	22.0	34.0	・18.0	26.0	*0.0
女性／40-49歳	50	*14.0	30.0	6.0	*46.0	4.0
女性／50-59歳	50	18.0	18.0	8.0	*46.0	10.0
女性／60-75歳	50	**8.0	*12.0	10.0	**60.0	10.0
男性	250	*32.8	22.4	10.4	**21.6	*12.8
女性	250	*20.0	26.4	9.6	**38.8	*5.2

図表②　2018年正月の年賀状の利用状況（%）

年賀状の利用状況には、概ね世代差が出ており、男性では五〇代以上、女性では四〇代以上が、現在なお活用する習慣が残っていることがわかります。ただ、年賀状は儀礼的な限られた内容にとどまることが多く、一般的な封書やハガキのやり取りとは次元が異なっているともいえます。あくまで、最低限の手紙利用習慣なのです。

3 「手書き」へのこだわりは意外と見られる

以上のような利用状況を踏まえた上で、次に「手書き」の手紙について尋ねています。すなわち、「手書き」の手紙をもらうと嬉しく感じるか、またときに「手書き」の手紙を出す必要があると思うかについて聞いています。それは、「手書き」は手紙の大きな特徴であり、それをどの程度意識しているかを確認したいと考えたからです。

「手書き」の手紙をもらう場合を見てみると、図表③のように、男女差が明確に出ています。「とても思う」と回答した人は、全体で二五・八％となっています。男性の場合は、六〇代以上のみが三二・〇％と平均を上回っています。それに対し、女性の場合は、五〇代の一八・〇％を除けば他の世代はすべて平均を上回っています。とくに、一五～二九歳が最も高く五六・〇％と半数を超えています。この世代は、ネットに最も親しんでいることを考え合わせると、意外な結果となっており注目できる点です。考えようによっては、ネットに最も親しんでいる世代だからこそ、「手書き」

Q5　あなたは、「手書き」の手紙をもらうとうれしく思いますか。該当するものを 1 つ選んでください。(SA)	該当数	とても思う	まあ思う	どちらともいえない	あまり思わない	全然思わない
	500	25.8	36.8	25.0	6.6	5.8
男性／15-29 歳	50	**8.0	34.0	**44.0	8.0	6.0
男性／30-39 歳	50	・14.0	40.0	30.0	6.0	10.0
男性／40-49 歳	50	16.0	**18.0	*40.0	*14.0	・12.0
男性／50-59 歳	50	20.0	48.0	28.0	4.0	・0.0
男性／60-75 歳	50	32.0	28.0	24.0	6.0	10.0
女性／15-29 歳	50	**56.0	*22.0	18.0	2.0	2.0
女性／30-39 歳	50	・36.0	48.0	*12.0	2.0	2.0
女性／40-49 歳	50	28.0	38.0	22.0	4.0	8.0
女性／50-59 歳	50	18.0	38.0	24.0	**16.0	4.0
女性／60-75 歳	50	30.0	*54.0	**8.0	4.0	4.0
男性	250	**18.0	33.6	**33.2	7.6	7.6
女性	250	**33.6	40.0	**16.8	5.6	4.0

Q6　あなたは、ときに「手書き」の手紙を出す必要があると思いますか。該当するものを 1 つ選んでください。(SA)	該当数	とても思う	まあ思う	どちらともいえない	あまり思わない	全然思わない
	500	15.6	36.2	24.6	11.6	12.0
男性／15-29 歳	50	12.0	**18.0	28.0	12.0	**30.0
男性／30-39 歳	50	・6.0	26.0	34.0	16.0	18.0
男性／40-49 歳	50	*4.0	*22.0	32.0	*22.0	・20.0
男性／50-59 歳	50	・6.0	40.0	**42.0	8.0	・4.0
男性／60-75 歳	50	16.0	30.0	20.0	・20.0	14.0
女性／15-29 歳	50	**38.0	36.0	*12.0	6.0	8.0
女性／30-39 歳	50	18.0	*52.0	24.0	・4.0	*2.0
女性／40-49 歳	50	18.0	*50.0	18.0	・4.0	10.0
女性／50-59 歳	50	20.0	34.0	24.0	14.0	8.0
女性／60-75 歳	50	18.0	**54.0	*12.0	10.0	6.0
男性	250	**8.8	**27.2	*31.2	*15.6	*17.2
女性	250	**22.4	**45.2	*18.0	*7.6	*6.8

図表③　「手書き」への意識（%）

に新鮮な魅力を感じるのかもしれません。

さらに、自由記述で書かれた理由を見ていくと、「手書き」には「あたたかみ（温かみ、暖かみ）」、「こころ（心、真心）」、「気持ち」、「思い（想い）」が感じられる点に、良さを見出している回答が目立っています。また、「自分のために時間を割いて、手間をかけてくれた」という姿勢や、「その人らしさ（人柄、個性）」が伝わる点が、その好印象につながっています。

一方、否定的な受け止め方では、気持ちがこもり過ぎてかえって「重い」、返事を手書きで書くことを期待されていることを考えると「面倒」だとする回答が見られます。いずれにしても、送り手の心や気持ちが十分伝わるしかけとして「手書き」が機能していることは確かです。そして、受け手次第でその印象が変わるといえます。

ところが、「手書き」で出す必要性の場合は、性差以外は「手書き」でもらう場合ほど、明確な差が出ていません。「とても思う」と回答した人は、全体で一五・六％となっています。ここでも、もらう場合と比べると一〇ポイントほど差が出ています。男性では六〇代以上のみが一六・〇％と平均並みですが、女性の場合はすべての世代で平均を上回っています。やはり一五〜二九歳が最も高く三八・〇％となっています。

さらに、自由記述では「手書き」が必要な場面として、「お礼」や「お詫び」がその象徴となっています。そして、その理由としては、内容よりも気持ちや心が伝わること、それを相手に受け止めてもらうことに重点が置かれていることがわかります。心を込めて伝えるスタイルとして、通常とは異なる「特別感」や「丁寧さ」が、手書きには期待されているといえます。ただ、送り手が悪筆の場合は、印刷の方がきれいだとか、そもそもメールで十分だとする意見も散見されます。

要するに、「手書き」は手間がかかる一方で、あえて手間をかけたという姿勢や、その人らしさが伝わりやすい工夫の一つであることは間違いありません。ただ、そのような良さや工夫を認めつつも、直筆への苦手意識は男性の方がとくにもちやすいため、少なからず否定的な受け止め方になりがちだと推察できます。

4　手紙へのさまざまな意識、考え方

今回のネット調査で最も確認したかった項目が、手紙に対して現在多くの人たちがもっている率直な意識です。一〇の質問項目に対する考え方（「とても思う」+「まあ思う」と回答した数値）を男女別に列挙し、その差を示すと図表④のようになります。

ざっと見ていくと、明らかに女性の方が手紙を、現在も積極的に受け止め、理解している様子がよくわかります。男性の場合は、世代差が大きく、「残していきたい文化」だと受け止めている層と、「そのうちなくなるだろう」と考えている層に二極化している様子がうかがえます。いずれにしても、男性の手紙利用は限られているため、必然的に手紙への評価も低くならざるをえないといっ

質問項目	とてもそう思う＋まあそう思う		差（男性－女性）
	男性	女性	
1. 手紙を書くのは面倒だ	78.0	57.2	20.8
2. 手紙を書く時間がない	50.4	44.0	6.4
3. 手紙を書かなくても、ネットで十分だ	52.0	28.4	23.6
4. 手紙はそのうちなくなるだろう	27.6	20.4	7.2
5. 手紙は「自分らしさ」が出しやすい	56.0	70.0	−14.0
6. 手紙は「本音」が出しやすい	29.6	36.4	−6.8
7. 手紙を通して、相手を深く理解できる	37.6	46.0	−8.4
8. 気に入った手紙は、とっておきたい	48.0	71.6	−23.6
9. 手紙は、切手や封筒などに凝るのは楽しい	29.2	56.4	−27.2
10. 手紙はこれからも残していきたい文化だ	46.0	68.0	−22.0

図表④　手紙への考え方における男女差（％）

たところでしょう。

とくに男女差が大きく見られる点として、否定的な項目では「手紙を書くのは面倒だ」「手紙を書かなくても、ネットで十分だ」が目立っています。一方、肯定的な項目では「気に入った手紙は、とっておきたい」「手紙は、切手や封筒などに凝るのは楽しい」「手紙はこれからも残していきたい文化だ」が挙げられます。

女性一般にとって、手紙を書くのはたしかに面倒ですが、文面だけでなく切手や封筒にも凝ることができて楽しい。また、ネットにはない良さがあり、もらった素敵な手紙はとっておきたい。そして、手紙はこれからも残していきたい文化だというイメージになります。一方、男性の場合は、手紙を書くのはとにかく面倒で、ネットで簡単に済ませておきたい。手紙については、どちらかというと「無関心」だという見方が、男性のイメージに合っていると考えられます。

5　魅力と使いづらさの関係

図表⑤によると、全体を通して手紙の魅力を示すキーワードやキーフレーズには、「あたたかみ」「その人らしさ」「保存でき、読み返せる」「内容が濃い」「時間も手間もかけた贅沢なもの」などが多く挙げられています。これらの魅力は、ネットでは難しい表現の工夫であると受け止めることができます。また、「特別感」「絵が良い」からは、絵手紙の魅力が浮かび上がってきます。

一方、利用しづらさでは、「宛名書きや切手、投函が面倒」「金、時間がかかる」「すぐに伝えられない、返事が遅い」「悪筆だから」「礼儀をわきまえないといけない」「あとに残るのでトラブルの原因」などといったキーワードやキーフレーズが目立っています。

魅力と利用しづらさの関係は、いわゆるコインの裏表であることがわかります。それがわかった上で、それにどの程度の価値を認めるかによって、人それぞれ受け止め方が異なってくるといえるでしょう。たとえば、「保存でき、読み返せる」ことが良いと受け止められる一方で、「あとに残るのでトラブルの原因」になると受け止められる場合もあります。たとえば、昔のラブレターを思い起こせば、容易にイメージがつきます。現在も続いている相手であれば、懐かしいものとなります。しかし、別の相手の場合は、扱いが難しいでしょう。早く処分してしまった方が良いかもしれません。

さらに、「宛名書きや切手、投函が面倒」だとする一方、「不便も楽しい」と思える余裕があれば、

自由記述より

◎手紙の魅力について

プラス	マイナス
・あたたかみ、愛情を感じる ・その人らしさ ⇒心、気持ち、人柄、個性、人生 ・保存できる、読み返せる ・内容が濃い ・時間も手間もかけた贅沢なもの ・肌感覚がある ・人としての知性と感性の極致 ・形として残る、思い出 ・おしゃれ、風情、特別感 ・絵が良い	・字が下手なので魅力は感じない ・過去を忘れたい人には不要 ・半永久的に残るので自分の弱みを握られている感じがする ・自己満足 ・自分で書くのは面倒だが、もらうと嬉しい ・処分に困る ・切手を買いに行くのが面倒 ・無駄

自由記述より

◎「利用しづらさ」について

プラス	マイナス
・郵便局の近くに住んでいるので、局員と顔なじみになっている ・手紙好きならよいが、相手による ・不便も楽しい	・宛名書きや切手、投函が面倒 ・金、時間がかかる ・ゴミになりやすい ・すぐに伝えられない、返事が遅い ・ちゃんと届いたかわかりづらい ・漢字が思い浮かばない ・ネットが便利すぎる ・レターセットがない ・悪筆だから、筆無精 ・礼儀をわきまえないといけない ・あとに残るのでトラブルの原因 ・住所がわからないと送れない

図表⑤　手紙の魅力と利用しづらさ

時間をかけて工夫を凝らした手紙を仕上げ、投函することが、達成感を味わえることにつながる場合もあります。さらに、相手からの感謝の返事が届くと不便さも忘れてしまいます。

つまり、あえて手間、時間、金をかけて、相手にあたたかみや気遣う気持ち、また自分らしさを伝えることに必要性を見出せれば、トータルとして手紙を書くことが魅力的だと考えられるわけです。そして、ときに利用してみたいと考えられるようになります。

今回得られた手紙の魅力のコメントの中では、「自分で書くのは面倒だが、もらうと嬉しい」というフレーズが、実に言いえて妙です。手紙というメディアの特徴をうまく表現しているのではないでしょうか。

ただ、人によっては、とにかく面倒だから手軽に言葉だけを、情報として伝えられれば十分だと割り切ることができれば、ネットの活用で十分となり、手紙など必要ないでしょう。ただ、そのような場合は、ネットの利用にますます拍車がかかり、コミュニケーションの多くがネットに偏ることになります。さらにいえば、そもそもコミュニケーションに手間、暇、金などかける必要などない。とにかく便利で簡単に、必要最小限の内容が伝えられれば良いのだ。効率重視で、無駄をできる限り少なくしたい。そのような意識をもつ人は、決して現在少なくないと思います。

メディアが多様化している時代には、メディア特性に応じてうまくメディアが使い分けられる人もいれば、逆に手軽なもの、気楽なもの、そして金のかからないものに流れていく人もいます。現

自由記述より

◎「手紙教育」の必要

プラス	マイナス
・ある程度、手紙の書式や文章を書く訓練は、社会に出る上で必要 ・マナー教育、一般常識として必要 ・冠婚葬祭には手紙が使われる ・良い文化は伝えていきたい ・基本的なものとして必要 ・教育しないと廃れてしまう ・書く作業は自分の考えや気持ちを整理でき、字を綺麗に書く必要あり ・気持ちの伝え方などを学ぶべき ・文学は手紙が重要なファクターになっている、歴史を学ぶのと同じ	・ネットを安全に使う教育の方が時代に合っている ・やりたい人だけやればいい ・教育までしなくても手紙文化は残っていく ・強制するのはよくない

図表⑥　手紙教育の必要性

状を眺めていると、世代を超えてネット利用に偏りがちな状況が目立っており、それが現代の風潮なのかもしれません。

6　ネット社会で、そもそも手紙教育は必要か

最後の質問では、ネット社会で生活している現在、手紙教育が必要かどうかについて尋ねたところ、図表⑥のように、プラスの回答が多いものの意見は分かれています。

必要だとする方は、「ある程度、手紙の書式や文章を書く訓練は、社会に出る上で必要」「マナー教育、一般常識として必要」「教育しないと廃れてしまう」などが主な理由に挙げられています。さらに「書く作業は自分の考えや気持ちを整理でき、字を綺麗に書く必要あり」といったように、思考のトレーニングにもつながる点にも触れられてい

ます。このように見ていくと、必要性やそれを支える理由には、いくつかの段階があることがわかります。

一方、不要だとする方では、あまり明確な理由が示されていない状況です。中には「教育までしなくても、手紙文化は残っていく」という消極的な見方もあります。ただ、不要だとする多くの人には、現在なくても困っていないから多分困らないだろうという、状況依存的な姿勢が感じられます。

また、不要論を支えている基本的な考え方には、時代の流れに合わせて、できるだけ手軽な方向にシフトしていく方が利口だという本音が感じられます。そこには多様な表現方法など、コミュニケーションに伴う価値が少しずつ削られたとしても、あえて教えられなくても子どもから高齢者まで誰もが使える程度のメディアで十分だという考え方が、背景に感じられます。そして、「魅力と使いづらさ」についてコメントと同様に、時代の流れに身を任すような考え方が、今後ますます主流になっていくのではないでしょうか。

しかしながら、日頃からまともに手紙が書けない大学生を身近に見ていると、まったく教育を受けず、経験もせずにいきなり手紙を書くことは、現実的にはほぼ不可能なことがよくわかります。すでに、人生で一度も年賀状すら出したことのない大学生は珍しくありません。教育以前に、きっかけやある程度の体験が何よりも必要だと考えられます。

なお、手紙教育を不要だとする考え方の先には、手紙文化そのものが廃れていくことは間違いないと著者は考えています。さらに、手紙によるトレーニング機会を失ったとき、それ以外のコミュニケーションもまた変質していくことも十分考えられます。それは、手紙がコミュニケーションの基礎に近いところに位置していると考えるからです。このあたりは、第6章で改めて詳しく述べていきます。とにかく、現在の日常的なコミュニケーション状況は、今回の調査結果から眺める限り、世代ギャップなど深刻になりつつあると考えています。

調査結果が示唆すること

では改めて、今回の調査結果全体から見出された点を整理してみましょう。

まず、現在手紙は利用状況として男女差が大きく、女性が支えるメディアになっていることがわかります。その中でも、四〇代女性には否定的な受け止められ方が目立つ一方、デジタルネイティブと呼ばれる二〇代以下の若い世代には、意外と積極的な受け止められ方が見られます。この点は、手紙を今後の日常生活の中に、どのように位置づけていけるかを考えるヒントになると考えています。

次に、手紙の魅力を支えているのは、手紙の文面で伝えられる内容以上に、「あたたかみ」「その人らしさ」「気持ちが伝わる」「手間と時間がかけられている」など、心や姿勢に関わっている点です。それは同時に、ネットでのコミュニケーションでは難しいことでもあることをも示唆しています。ただ、そもそも日常的なコミュニケーションの中で、多くの人が文面以上の魅力を必要だと思えるかが、手紙を支えることにつながります。つまり、「コミュニケーションへのこだわり」が、どの程度日常の中でもてるかが、手紙を意識する前提になっているといえます。そして現在は、そのためには手紙教育が必要かを考えたとき、概ね必要性を認めつつも、性別や年代で意見が分かれている状況です。

最後に、ネットでは難しい「手書き」の価値について、現在でも肯定的な見方が多く見られます。アナログの象徴の一つである「手書き」は、情報の質をいろいろ加えられるしかけといえます。すでに見てきたように、手紙によるコミュニケーションの魅力の多くが「手書き」に支えられていますが、それは必然的に「手間、時間、金」が、「手書き」の手紙には必要であることにつながります。だから、手紙は「出すのは面倒だが、もらうと嬉しい」メディアなのです。

また、「手書き」が必要とされる場面としては、「お礼」や「お詫び」が象徴的に挙げられています。このような場面自体は、どんなに時代が変わってもなくなることはありません。そう考えれば、今後「手書き」の必要性が下がることがあるとすれば、それは「お礼」や「お詫び」の質もまた変わることに他なりません。

以上のように、調査結果をざっくりと読み解いてみました。いかが思われたでしょうか。

やはり、手紙には「面倒さ」を覆し、「手間、時間、金」をかけるだけの価値があることが、社会からいかに認められるかがカギとなっています。「ネットが便利すぎるため」と答える人たちにとって、手紙にまで目が届かない現状にあることは確かなようです。だから、その壁を越えられるかが、ネット社会で手紙というメディアが生き続けていくための必要条件だといえるでしょう。

それでは、調査結果からの示唆に加え、主要な点について以下、さらに補足的な解説をしていきたいと思います。

手紙の書き方は決まっているのか

「手紙を書くのは、とにかく面倒くさい」と思ってしまう理由の一つに、手紙の書き方があります。そして、それを踏まえなければ手紙を書いてはいけないという、暗黙のプレッシャーがあるのではないでしょうか。

『手紙・はがき事典』（長瀬薫著、一九九六年）によると、一般的には基本的な手紙の構成として、「前文⇓主文⇓末文⇓あとづけ⇓添え書き」となっています。前文とは、「拝啓」などの書き出しの言葉や、時候の挨拶、安否の挨拶、お礼の言葉、お詫びの言葉などが該当します。一方、末文は結びの挨拶と「敬具」などの前文と対応した結びの言葉となります。後づけは、日付、署名、宛名、「机下」などの脇づけが補足されます。添え書きは、必要があれば「追伸」として用件のみ簡潔に添えるもので、なくてもよい部分です。

このように改めて基本構成を見てみると、何か気づくことはないでしょうか。そうです。手紙は、対面で誰かに会ったときの流れを、紙上で展開しているに過ぎません。初対面の相手でなくても、会って挨拶もなしにいいたいことを話し始めることは、日常的にはあまりないでしょう。そう考えれば、手紙の形式はとても日常的なものに思えてきます。面倒くさいと思わせる点としては、書き出しの言葉と結びの言葉の対応関係や、後づけの内容の書く順番がわからなくなってしまうことがあるかもしれません。ただ、慣れてしまえば迷うことはあまりないでしょう。

それよりも気になることは、手紙を一度も書いたことがない大学生が教員にメールを送ってくるとき、短い本文以外何も書かれていないことがしばしばある点です。用件もなし、宛名もなし、差出人すら書かれていない。一言「欠席します」とだけ送りつけてくる。そんなメールは珍しくありません。対面での展開に擬えてみると、覆面を被った誰かが突然、一言投げつけて去っていくイメージになります。これでは、まともなコミュニケーションなど成り立ちません。

つまり、手紙の書き方の基本は、日常的な対面でのマナーとさして変わりはなく、逆に手紙の形式を敬遠することは、挨拶や相手への配慮を無視していることに他なりません。

その他、手紙を書く上での精神的なプレッシャーとしては、前文部分がピント外れになったり、直筆に自信がなかったりすることで、それは自分の弱点をさらすことを避けがちになる点です。とくに、男性は見栄を張りたがる傾向があり、それが手紙を遠ざける要因の一つにつながっていると考えられます。この点は、慣れるしかありません。手紙の作法は最初から完璧にできるものではなく、トレーニングを通して上達していくことが求められます。この点も、ネットのように、小学生でもＳＮＳが簡単に使えるというものではありません。ネットでのコミュニケーションとは大きく異なるところです。このことは、ネットの利用に偏るほど、相手への配慮を意識しなくなり、自分本位に考えがちな傾向が強まることを示唆しています。手紙は、ある程度の形式を求めることで、そのような偏りを常識的な範囲に戻しつつ、補正する役割が隠されているともいえます。

ただ、改めて「手紙の書き方は決まっているのか」と問うてみると、必ずしもそうではない場合もあります。たとえば、絵手紙の世界では、前文など抜きに伝えたい簡潔な言葉に絵を添えて書くことが、望ましいとされています。自分の思いを言葉であれ、絵であれストレートに表現することが、絵手紙らしさとして受け止められているのです。このことは、絵手紙では主にハガキが使われていることや、やりとりする双方が絵手紙の特性への理解があることが前提になっているからだと考えられます。手紙の世界は双方の理解があれば、形式はあくまでも目安と考えた方が自然かもしれません。大切なことは、対面でのマナーと同様、相手への配慮を忘れずに手紙をやり取りすることにあります。無意味に形式にこだわり過ぎるのではなく、手紙の形式に込められた思想を理解することが肝心なのです。

そもそも「手書き」が減っている

手紙の魅力が「手書き」に支えられていることは、すでに述べた調査結果からもわかります。しかし、日本では一九八〇年代からワープロが一般に広く利用されるようになりました。一九九〇年代からはパソコンソフトのワードやエクセルなどがそれにとって代わるようになると、「手書き」で何かを書く機会はめっきりと少なくなってきました。仕事でも日常生活でも、ポストイットなどに走り書きされた簡単なメモを除けば、どんどん「手書き」が生活の中から消えていきました。そのことは、著者自身の体験からも実感できます。

もちろん、「手書き」でなくても活字として示されればわかりやすくなります。クセ字や書き間違いに困ることが少なくなったとしたら、それは歓迎すべきことなのかもしれません。また、ワードで作成した文書であれば、編集や校正は簡単にできます。一字一字書くことに比べれば、入力スピードは比較にならないくらいアップします。作業効率も高まります。一見、良いことだらけのような気がしてきます。

では、「手書き」をする機会が少なくなることで、失われたものとは何でしょうか。

まず、漢字が書けなくなることや、漢字が思い出せなくなることは、多くの人が経験していることです。そして、丁寧に字を書くこと自体が苦手になってきます。以前は難なくできたはずのことが、なかなか思うように書けなくなり、手が疲れやすくなってきます。修正液が使えないような文書を清書していると、ストレスがたまり、書き直しが多くなります。このような状況は、身体で無意識に覚えてきたことが、少しずつ無意識に忘れ去られていく過程でしょう。

しかし、このようなスキル的な部分以上に失われてしまうものは、「手書き」が醸し出す「あたたかみ」であり、「その人らしさ」です。このことは、幼児や小学生が書いたハガキを見るとよくわかります。未熟な文字の中にも、その子どもの気持ちの動きや成長の度合いを見て取ることができます。

さらに、書きながらゆっくりと考える姿勢や習慣がなくなってきます。「手書き」のスピードは、ゆっくりと考えるスピードとマッチしているからです。ワードで文章を作成していると、文字の変換や体裁に気を取られてしまったり、コピペ（文字の切り貼り）で楽をしようとしたりしがちです。そのため、思考のスピードにムラが生じ、文字面ばかりがきれいでも中身のない文章になりがちです。

このように考えてくると、無意識に行ってきた「手書き」の習慣が失われることで、同時に失われてきたことも少なくないことが改めてわかります。そして、現在でも手紙を書くことは、「手書き」の習慣を失わない、数少ないしかけの一つなのです。

ネット時代は、アナログがどんどんデジタルに変わっていく時代です。便利さと手軽さの陰に、アナログのもつ深さや味わいが、片隅に追いやられていきがちです。アナログならではの良さを取り戻すためには、まずそれを自覚することが必要でしょう。「手書き」は、まさにネット社会だからこそ再評価が必要な生活の知恵だと、筆者は考えています。

若い女性が支える手紙の可能性

第1章では、二つの壁について触れ、手紙を利用することに強い動機づけがなければ、多くの現代人にとって手紙との接点を見出すことが難しい点を指摘しました。とりわけ、二〇代前半までの若者にとっては、経験値が不足しているため、まず利用するための基礎知識や慣れる機会が不可欠となります。

ただ、希望の光がないわけではありません。それは、二〇代以下の女性には肯定的な下地ができている印象があるからです。そこで、関連する調査結果を改めて振り返ってみたいと思います。以下、若い女性に限定した自由記述の中で見られる主なものを、質問項目ごとにピックアップし列挙してみました。

①「手書き」の手紙をもらうと、嬉しく思うか。

・メールでは伝わらない温度がある。
・メールなどだと思いを伝えにくいときや感謝の気持ちを伝えたいとき。
・手間はかかるけど、相手によく伝わる。
・特別な気持ちを伝えることができるから。
・特別な記念に。記憶にのこるため。

②ときに「手書き」の手紙を出す必要があるか。

・その人の性格が文字に滲み出ているから。
・メールが主流の中で、手紙が届くと気持ちがこもっている感じがして嬉しいから。
・今の時代、手間をかけて思いを相手に伝えるということがないから、より特別感や相手の思いを感じやすい。
・手紙を書く手間や時間を自分に割いてくれたのが嬉しいから。
・直筆だと相手の性格や特徴、気持ちがよく分かるような気がして温かみがあって良い。

③手紙の魅力とは。

・手紙は、自分の字で気持ちを伝えることができるところが、とても魅力的である。

・選ぶ便箋やその人が書く文字、言葉のチョイスがメールでは表せない独特な魅力があり、相手をより深く知ることが出来る。

・何度も永久に読み返せる。

・便箋や封筒を選んだり、手紙を書いたりしている時に相手のことを思うこと。

・シールやペンでデコレーションをして自分らしさが出せるもの。温かみを感じるもの。

④手紙の利用しづらさとは。

・時間が無いとなかなか書けない。また、綺麗な文字で書きたいと思うと、失敗できないプレッシャーなどもある。

・手紙を出す時にお金がかかる。相手にきちんと届いたか不安になる。

・急に手紙を送ると、相手を困らせるのではないかと思う点。切手を用意しなければならない点。

・切手の値段が上がり、どのぐらいの切手を貼ればいいのか分かりづらい。一枚で足りて欲しい。

・書く時間がない。移動中は書けない。

・ポストが減っていて出す機会がない。

⑤手紙教育は必要か。

・書き方を教える事は重要だと思います。人の気持ちは簡単に計り知れない事を教えることにもなると思います。

・必要だと思う。手紙を書くことで自分の考えをまとめられたり、相手のことをより考える時間が得られたりするから。

・必要だと思う。手間をかけるからこそ伝わるものがあると思うから。

・必要だと思います。手紙を書く時、ネットでのメッセージ以上に言葉選びに時間がかかると思います。そういった体験から、相手への気持ちの伝え方などを学ぶことができると思います。

・マナーや最低限の言葉遣いは学ぶべき。

・文字を書かなくなるというのは、手や頭を使う機会がなくなるのであまりよくないと思う。

二〇代以下の女性の自由記述を眺めていると、日常的にメールやSNSを活用しながらも、その限界をよく理解していることがわかります。つまり、コミュニケーションの質を見極めながら、手段を使い分けようとしている姿勢が伝わってきます。また、心や気持ち、人柄を、直筆という手作りのものを通して、相手に伝えることの特別感を意識していることもわかります。それは、相手の手元に残り、何度も読み返される「贈り物」であり、「作品」であるという手紙の特徴にも結びついています。

このように考えてくると、ネットでは限界のある特別なコミュニケーションを、手紙を通して行うことの価値が、彼女たちのような若い世代にも芽生えていることが確認できます。

つまり、ネット社会では、ネットとネット以外のメディアとをいかに適切に使い分けながら、日常生活でのコミュニケーションを行えるか。そのような工夫を通して、いかに人間関係を豊かに育みながら日々過ごしていけるか。そのような問いが、私たちに与えられているように思われます。そして、そのような意識づけと学ぶ機会が当たり前に整備されれば、手紙文化はこれからも長く定着していくことをうかがわせます。その可能性を、前記のような自由記述の内容が感じさせてくれます。

ただ現状では、手紙は多くの人にとって決して身近な存在にはなりえてはいません。ネットであわただしくやり取りするだけで手一杯で、なかなか手紙まで入り込む余地が見つからない人が多いでしょう。今後、いかに意識づけと学ぶ機会が社会の中に整えられるか次第で、手紙がネット社会にも根づいていけるかが明らかになってくるでしょう。その意味から、次章では現在もなお活躍している手紙の現場をいろいろ探っていくことで、手紙の未来へのヒントを得ていきたいと考えています。

第3章

生き続ける手紙の世界 一
——非日常の手紙

現代に見る手紙の世界

現代の多くの人たちの日常から手紙が失われつつあるといっても、現在もなお手紙が活躍し続けている場が失われたわけではありません。

日常的に手間と時間とカネがかかるものは、手紙に限らず全般的に、現在の生活から遠ざけられる傾向が強まっているだけです。カネの世界でも電子マネーが好まれ、ポイントを付けてお得感を演出することが当たり前になっています。しかし、今でもカードでは支払いができない場合があります。田舎の小さなお店でカードが使えないからといって、文句をいうのは筋違いでしょう。ローカル線で、プリペイドカードが使えないからといって、不親切だと思うのは身勝手というものです。でも、現金をもっていれば国内であればどこでも使えます。

手紙の世界でも同様に、手紙が現在も活躍し続けている現場はしっかりと残っています。日常的に手紙を利用したり、目にしたりする機会が少なくなったがために、手紙の現場では逆にはっきりとした特徴が際立っています。それらを、三つのタイプにまとめてみると、次のようになります。

まず、一つ目のタイプは、主に自治体や企業が主催しているコンクールのような年間イベントとして、手紙の姿を見出せるものがいくつかあります。たとえば、自治体では福井県坂井市丸岡町で続けられてきた「一筆啓上賞」（一九九三年〜、毎年実施）、静岡県袋井市で行われている「愛の手紙コンクール」（一九九五年〜、毎年実施）、また愛媛県西条市で行われてきた「「千の風」手紙プロジェクト」（二〇〇九年〜、三年おきに実施）などが目につきます。

一方、企業では、株式会社くらしの友による「天国のあなたへ、つたえたい心の手紙」（二〇〇八年〜、毎年実施）、「ふみの日（毎月二三日、一九七九年〜）」を提唱してきた日本郵政株式会社の「『未来の自分に、手紙を書こう。』プロジェクト」（二〇〇八年〜、不定期に実施）、さらに日本フィランソロピー協会による「未来への手紙プロジェクト」（二〇一〇年〜、継続実施）などが見られます。

二つ目のタイプは、イベントを発展させたアートプロジェクトの試みとして、瀬戸内海の粟島町にある「漂流郵便局」（二〇一五年〜、継続実施）や、全国で場所を変えながら実施されている「水曜日郵便局」（二〇一三年〜不定期に実施。初回は熊本県津奈木町、二回目は東松島市）です。こちらの方は、今後の継続性が不確かではありますが、手紙というメディアに対し、独自のコンセプトを組み込んだ興味深い事例となっています。

そして、三つ目のタイプは「文通」です。文通自体は新しいものではありません。従来と同様なスタイルで続けられているものもあれば、近年従来とは異なったスタイルで実施されているものもあります。たとえば、株式会社文通村（二〇〇九年〜、継続実施）や、文通コミュニティ葉小舟（二〇一二年〜、継続実施）などが、コミュニケーション・サービス事業として、ここ一〇年以内に生まれています。近年見られるようになった新しい文通事業の内容は、単なる手紙のやりとりにとどまらず、チャットやSNSなどによりネット上でやり取りも行うもの、また無料で利用できる交流サイトなども見受けられます。ただ、本書では単にネットを通して文通相手を見つけるための場ではなく、文通サービスが原則として有料で運営され、形のある手紙のやり取りが会員間で行われ、文通としての一定の質が保たれている場を対象として考えています。

少し補足すると、「文通村」のように有料で行われている文通事業は、封書やハガキによる手紙のやり取りが基本となっています。ネットの利用は、あくまで会員や一般に広く情報を開示する場として活用されており、事務局は「ペンネーム」と「仮想の住所」や「会員番号」で受け付けた手紙を、交通整理する交換所としての役割を担っています。交換する回数は、場により月に二、三回とさまざまですが、基本的な仕組みは似ています。かつて行われていたように、雑誌で文通コーナーがあり、そこで見つけた相手に対し、個人名でその住所宛に手紙を送り相手と直接やり取りすることは、二〇〇五年以降個人情報保護法の施行によりほぼ不可能となっています。その意味で、その壁を乗り越える工夫として、ペンネームと仮想住所や会員番号と交換所が必要になっているわけです。

一方、現在もなお実名で文通が行われている場も存在しています。一つは、「青少年ペンフレンドクラブ（PFC、かつての「郵便友の会」一九四九年〜）」で、日本郵便株式会社が運営しています。また、日本絵手紙協会の「絵手紙友の会」（一九八五年〜）も絵手紙による文通組織として、現在も盛んに活動を続けています。どちらも長い歴史があり、リピーターも多く認められます。

　それでは、それぞれのタイプごとに現在の取り組み状況とともに、手紙が今なお活躍し続けている理由について、詳しく見ていきたいと思います。

手紙コンクールは意外と続いている

　まず、自治体の代表的な手紙イベントを見ていきましょう。自治体の取り組みの多くは、コンクール（またはコンテスト）といった形をとっています。手紙に関心の高い地元の人たちに対してだけではなく、その募集は全国に広がっています。ときに、海外からの応募も見られます。

　このような取り組みは、参加者からの投稿やコンクール結果の公表を通して、その自治体への関心を高める機会になります。そして、紹介されるメディアは新聞やテレビ、出版物などマス・メディアにとどまりません。ネットでも公式サイトやSNSなど、さまざまな形で広く紹介されています。一連のメディアによる情報の広がりを通して、そのコンクールのみならず、実施団体や自治体の認知度は少しずつ上がっていきます。さらに、毎年一定数の投稿が確保でき、定例的な継続イベントとなることができれば、その運用は安定していきます。いくつかの自治体では、当初の自治体主催の取り組みから、文化財団などより安定が見込める公的な組織に役割が移管されています。それによって、さらに運営は安定し継続されていきます。

手紙に限らず、あるテーマを設定し定期的にコンクールを実施する取り組みは、自治体による広報活動の一つです。それは、そのまちの独自性を印象づける「まちづくり」にもつながっていきます。ちょうど毎年行われる恒例行事の祭りなどと、同質のものと考えられます。また、自治体以外でも類似の取り組みが、少なからず見られます。たとえば、毎年一二月一二日「漢字の日」に発表される「今年の漢字」（日本漢字検定協会）や、毎年五月にグランプリが発表される「サラリーマン川柳」（第一生命）は有名です。

そして、類似の事例も含め、このようなコンクールを企画の軸とした広報活動を広く見ていくと、現在も含めほぼ一〇年以上継続的に実施されている取り組みは、まず成功事例といえます。毎年、そのコンクールが実施されることが年中行事として認定され、一定数以上の参加者が確保され、さまざまなメディアで定番企画として紹介されているからです。その意味で、これからドキュメント風に紹介する三つの事例は、代表的な成功事例に他なりません。詳しく見ていきましょう。

1　「日本一短い手紙　一筆啓上賞」（福井県坂井市丸岡町）

福井県北部、石川県方向に丸岡町があります。二〇〇六年より坂井市に、他の町とともに統合されていますが、この町で「手紙」にまつわる取り組みがスタートしたのは一九九三年でした。それは、「日本一短い手紙　一筆啓上賞」です。日本では最大の投稿数が認められる（二〇一九年時点）手紙コンクールとして、現在も続けられています。当初は、自治体として丸岡町が主催していました。そして、ちょうど二〇年間継続された後、平成二五（二〇一三）年からは公益財団法人丸岡文化財団が、その取り組みを継承しています。

最初に、そのコンクールの成り立ちについて紹介しましょう。

このコンクールの作品を展示している「日本一短い手紙の館」の紹介によると、成り立ちのエピソードは江戸時代の丸岡藩主に遡ります。

徳川家康の功臣、本多作左衛門重次が陣中から妻にあてた、次のような手紙があります。

写真①　日本一短い手紙の館　※著者撮影

「一筆啓上　火の用心　お仙泣かすな　馬肥やせ」

この手紙は、その内容や言葉のリズムもさることながら、用件を簡潔明瞭に伝えた手紙の手本とされています。耳にしたことのある人もいるのではないでしょうか。簡潔明瞭な中にも、妻子を気遣う優しさが、その短文の中にしっかりと込められています。ちなみに、この手紙に出てくる「お仙」は、幼名が仙千代、後の初代丸岡藩主の本田成重です。

この「日本一短い手紙　一筆啓上賞」は本多作左衛門重次の手紙をモチーフに、人間関係が希薄になっているといわれる現代で、人情を感じさせるような日本の手紙文化の復権を目指そうと始まりました。また、この手紙に関わりのある土地柄として、まちづくりのテーマにもなりました。同財団への取材（二〇一八年四月）によると、事務局長は次のように述べています。

「一筆啓上賞の始まりに関わる問題意識としては、メールに象徴される活字のやりとりが増えていた頃、それでよいのかという疑問だった。そこで、「日本一短い手紙」を書くことが、「手書き」で手紙やハガキを書き意識するきっかけになればと考えた。」

「「一筆啓上……」は一八文字なので、当初一八文字でやろうかと検討したが、それは難しいと予想された。要は、子どもから大人まで幅広く手紙を書いてもらうことが大切だと考え、書きやすい字数として一～四〇文字になった（最初は、二五～三五字）。また、面白さの工夫として、一筆啓上賞では毎年テーマを変えてきた。これが長続きにつながっているのではないか。」

一九九三年は、まだインターネットが一般に広く普及する前夜ですが、パソコン通信やポケベル、ケータイはすでに利用されていました。文書としても、ワープロは一般化していた頃です。このような時代背景を考えると、「手書き」で心を込めて情感たっぷりの手紙を書くことは、たしかに当時少なくなっていたことがうかがえます。

さらに、誕生の経緯を詳しく見ていくと、すでに別の文学賞が数年間丸岡町で行われており、その流れの中から生まれたことがわかります。それは、当地と関係がある継体天皇の母「振媛」にちなんだ「振媛文学賞」（一九八九〜九二年）です。そして、その選考委員の森浩一氏や黒岩重吾氏から「一筆啓上賞」のアイデアが出され、当時教育委員会にいた大廻政成氏（故人）が現在のコンクールの基本的な形に整えたとのことです。ちなみに、大廻氏は広告代理店でのビジネス経験が豊かなアイデアマンでした。このような下地とともに、選考委員や大廻氏との巡り合わせが新しい賞の実現につながったことは、想像にかたくありません。つまり、手紙文化への強い思いが賞の趣旨として認められるだけではなく、すでに当地では文学を尊ぶ風土があったことがわかります。そして、それが一筆啓上賞を生み出し、現在まで続いている背景といえます。

では次に、このコンクールの内容を見ていきましょう。

コンクールでは、毎年お題が設定され、四〇字以内の「メッセージを伝える手紙形式」であることが投稿の条件となっています。そして、応募用紙または便せんにより、できるだけ「手書き」で応募することになっています。やはり手紙へのこだわりから、メールでの投稿は認められていません。

現在、二〇一九年時点で二六回を重ねています。応募数は公開されていますが、スタートした一九九三年は三万二二三六通、ピーク時の二〇〇一年はなんと一二万三九八八通にも上っています。二万通を下回る年もありましたが、二〇一七年は三万八一八二通と現在でも一定の応募数が確保できています。毎年お題が変わりますので、応募数に波があるのは仕方がありません。ちなみに、今までのお題は次のようになっています。

第一期（一九九三〜二〇〇二年）は、母、家族、愛、父、ふるさと、友、私、いのち、喜怒哀楽、第二期（二〇〇三〜一二年）は、「新一筆啓上賞」として往復書簡の形で、母、家族、愛、父、未来、夢、笑、涙、明日、ありがとう、第三期（二〇一三年〜）は、再び第一期の形に戻り、わすれない、花、うた、ごめんなさい、母へ、そして二〇一八年は「先生」と続いています。家族など身近な人への思いや日々の喜怒哀楽などが主要なお題となっており、お題を決める苦労の跡が認められます。

では、記念すべき第一回である一九九三年の応募作品の中から、受賞作をいくつか紹介してみたいと思います。その年のお題は「母」への手紙でした。

［一筆啓上賞］

お母さん、雪の降る夜に私を生んで下さってありがとう。もうすぐ雪ですね。（51歳、男性）

あと一〇分で着きます。手紙よりさきにつくと思います。あとで読んで笑ってください。（16歳、男性）

「私、母親似でブス。」娘が笑って言うの。私、同じ事泣いて言ったのに。ごめんねお母さん。

（38歳、女性）

桔梗が、ポンと音を立てて咲きました。日傘をさした母さんを、思い出しました。（65歳、男性）

母親の　野太い指の味がする　ささがきごぼう　噛まずに飲み込む。（21歳、女性）

絹さやの筋をとっていたら　無性に母に会いたくなった。母さんどうしてますか。（31歳、女性）

おかあさんのおならをした後の「どうもあらへん」という言葉が　私の今の支えです。（30歳、女性）

お母さん、ぼくの机のひき出しの中にできた湖を　のぞかないでください。（11歳、男性）

お母さん、私は大きくなったら家にいる。「お帰り。」と言って子供と遊んでやるんだよ。（9歳、女性）

お母さん、もういいよ。病院から、お父さん連れて帰ろう。二人とも死んだら、いや。（44歳、女性）

［秀作ほか］

母さん、米ぐらい自分で買うから、送ってこなくていいよ。あと、タオルも。

お母さん、見栄はらないで本当のサイズ教えてよ。ブラウス選びに困ります。

元気ですか。今日、内定をもらいました。東京です。父さんには僕から話します。

お母さん　寂しくなったら鏡見てみ。きっとその中に同じ顔した私がおるさかい。
片親でばかにされたこともあったけど　母さんあなたは素晴らしい人だった。
親知らずを抜きました。知らなくてもいい事だけど知らせとく。とっても痛かった。
今日バス停で母さんに似ている人をみた　その重そうな荷物を持ってやったよ

（『日本一短い「母」への手紙』より抜粋）

四〇字足らずの文章からでも、豊かなイメージが喚起される、味わい深いものばかりではないでしょうか。また、どの手紙も相手（この場合は「母」）への愛や気遣いに溢れています。

丸岡町の取り組みは、とても限られた文字数によるコンクールです。しかし、手紙への関心が失われつつある現在、ほんの四〇字以内の短文の中にも相手を気遣い、心を込めた言葉を丁寧に紡ぎ出すことの大切さを思い起こさせてくれます。そして、これらの手紙は、短歌をやり取りした遠い昔の暮らしを、ふと感じさせもします。

この取り組みから手紙に関する気づきを、いくつか補足してみたいと思います。

まず、テーマ設定が日常的なものであり、字数が少ないことが、多くの人の参加意識を促します。ちょうど、松山市で五〇年以上続いている「俳句ポスト」に一句を投函するような感覚でしょうか。久しぶりに、ちょっと手紙を書いてみたいと思わせるしかけになっています。心のどこかにずっと潜んでいた思いを、言葉にするちょうどよい機会になるでしょう。

次に、応募は「手書き」で行うことになっています。最近のコンクール結果を掲載した『日本一短い手紙「母へ」第25回一筆啓上賞』（二〇一八年）では、佳作を除く入選作には投稿された「手書き」も合わせて紹介されています。活字化された手紙と合わせて「手書き」による原書となる手紙を見ると、投稿者のイメージがさらに喚起されます。とくに、子どもからの手紙は、気持ちがストレートに文字に込められており、その言葉一つひとつへの思いが湧きたつように感じられます。まさに、送り手の「分身」と向き合っている錯覚さえしてしまいます。そして、手紙は活字で書く場合と、手書きの場合での伝わる質の違いが改めてわかります。

さらに、質の高い審査の存在が、魅力的な手紙投稿の質を維持できていることがわかります。手紙の質への評価は、かなり主観的なものです。結果を公表しても、多く人からの納得が得られなければ、取り組みは下火になり、その継続は難しくなります。質の高い審査員を集め、マンネリ化しないコンクールの運営が、この取り組みを二五年以上も継続できている仕組みになっているといえるでしょう。

なお、この取り組みは、広くマスコミでニュースとして紹介されています。それだけではなく、映画（『日本一短い「母」への手紙』監督：澤井信一郎、主演：十朱幸代、主題歌：さだまさし「コスモス」、一九九五年）にもなっています。ほんの四〇字に満たない短い手紙からでも、それを起点にして長い人生にわたる家族の生きざまを描き出すことができることもわかります。

2 「愛の手紙」（静岡県袋井市）

袋井市は、静岡県西部に位置する人口約八万七〇〇〇人の地方都市です。市名の由来は、地勢的に四方を丘に囲まれた袋状の土地になっており、そこに大きな井戸があったことによります。また、江戸時代の東海道五三次では二七番目の宿場町にあたり、ちょうど「どまん中に」なります。袋井宿が開設されたのは一六一六年と古く、現在まで四〇〇年あまりの歴史を経ています。

このような歴史の香りのする土地柄で、地方文化の振興発展を図るために、袋井市文化協会が一九六六（昭和四一）年に誕生しました。そして、第二次世界大戦後五〇年を節目とする一九九五年、市内の「愛野公園」に平和のシンボルとして「愛の鐘」が設置されることになりました。それ

写真②　愛の鐘　※著者撮影

を記念し、「愛の手紙コンクール」が袋井市文化協会主催により実施されたのです。その後、毎年コンクールは継続され、二〇一八年で二三回を数えます。「一筆啓上賞」より二年遅れてスタートしていますが、二〇年以上続いているコンクールとして、全国的に貴重な存在であることは同様です。

また、同協会の代表的な機関誌『袋井文芸』は、創刊が一九八一（昭和五六）年で現在通算四六号まで発行されています。文化を大切にし、それを育みつつ取り組みを継続させる土地柄であることを感じさせます。この点でも、丸岡町と同様、「愛の手紙コンクール」を生み出し、支え続けてきた地元の姿勢が背景として存在しています。

同協会への取材（二〇一八年四月）によると、会長はコンクールを始めるねらいについて、次のように述べています。

「この取り組みは、コンクールそのものよりも、発端である競争社会にあって人間のつながりが希薄になる中で、書くことを通して思いやりの心、慈しみの心を育てたいというものだ。」

「文化協会で、「愛の鐘」を創るにあたり、象徴的なものだけではなく、具体的にみんなに訴えかけるにはどうしたらいいかを考えた。すると、四代前の会長によりアイデアが出され、象徴である「愛の鐘」を作る前から「愛の手紙」を始めている。」

つまり、「愛の鐘」を盛り上げる工夫の一つとしてコンクールを始めたというより、愛を育てるためには、書くことを通して心を育てることが大切であり、それとともに人間のつながりを再考することも大切だという、関係者の強い思いがあったことがわかります。

では、このコンクールについて詳しく見ていきましょう。概要は、次のようになっています。公募される手紙は、「人々の心に残る愛の情感にあふれた手紙文」で、四〇〇字詰め原稿用紙に日本語で縦書きに記された未発表作品です。誰でも応募ができます。

「愛」というテーマや四〇〇字という字数は、原稿用紙一枚のイメージで、スタート時から一貫して変わっていません。また、メールで受け付けてほしいという要望に対しては、「手書き」にもこだわっているため不可としています。ただ、原稿用紙にワープロで記された手紙のみは受け入れているそうです。なお、幅広く多様な内容を含む「愛」というテーマにこだわったのは、特定の愛に絞ることで、投稿数が減ることを懸念したからだとのことです。一方で、テーマの幅が広いだけに、毎年テーマを変えなくてもマンネリ化せず続けられたといえるでしょう。

記念すべき第一回の応募者は一四六二通で、全国のみならず海外からも寄せられています。先に紹介した「一筆啓上賞」と比べれば、約二〇分の一の応募数の規模となっています。やはり、字数の枠が一〇倍ほどになると、投稿のハードルがかなり上がることがよくわかります。

次に、記念すべき第一回の最優秀賞の作品を見てみましょう。

［最優秀賞］

お母さんへ

（北海道　63歳、男性）

十勝にもやっと暑い夏がやって来ました。

血糖値は安定していますか。

さて、先日、田舎の叔父さんの所で不幸があり行って来ました。重度の精神障害で生まれた子、知ってますか。風邪を拗らせ、十九歳で亡くなりました。湯灌に立ち合いましたところ、叔父さんは子供の手の甲の引っ掻き傷を見つけ、奥さんに傷薬を取って来させ、冷たい青白い傷跡に擦り込んでやりました。そして静かにつぶやきました。「馬鹿な子ほど可愛い」そのつぶやきが、今も耳から離れません。私も六十三歳になりました。これほど親の子に対する愛情を強烈に受けたことはありません。親の愛の大きさと深さを心に刻むことができました。五年生のとき、父を亡くし、お母さんがいも粥をすすり、味噌汁と沢庵を齧りながら、四人の子を高校、大学へ進めてくれた苦しい時代を想い出してます。子育ての善行賞の額は燦々と輝いています。長生きしてください。

初老に差し掛かった男性が、親の子に対する愛情を強烈に感じた最近の出来事を通して、母一人で自分を含め子ども四人を育ててくれたことへの愛情の大きさと深さを想い、そして改めて母親に対する感謝の気持ちを、手紙に託していることがとても伝わってきます。限られた字数でありながら、手紙を読みながら母子の歴史やエピソードの様子がイメージとして喚起される、良質の作品です。

以上を踏まえ、「愛の手紙」の取り組みへの気づきについて、少し補足してみましょう。「一筆啓上賞」の入選作品が、四〇字以内に凝縮された豊かな感情や象徴的な場面をコンパクトに表現しているのに対し、「愛の手紙」はさらに時間の長さやいくつかの場面にまでイメージを広げ、送り手の気持ちを深く、巧みに表していることがわかります。字数を拡大することで、物語として描くことが比較的しやすくなります。

その代わり「愛の手紙」コンクールでは、四〇〇字という手紙の制約により投稿数は必然的に限られてきます。それでも、毎年一定数の投稿数が確保できているのは、なぜでしょうか。

まず、テーマ設定の深さや広さが挙げられます。「愛」には、さまざまな切り口や広がりがあります。入選作品を読んでいると、親、兄弟、親戚に限らず、友人やペット、さらには自然、宇宙にまで内容が広がっています。つまり、「愛」について書ける切り口は、無限に見出すことができるわけです。そして、ラブレターに象徴されるように、「愛」は手紙のテーマとしては最もふさわしいからだといえます。

また、「一筆啓上賞」と同様に、このコンクールでも地元の有識者で組織された審査員により、手紙の質の高さが維持されています。そして、入選作品の発表や出版化を通して、その質の高さが広く認知されることにつながっています。優秀作がNHKラジオなどマスコミで紹介されたこともあり、マス・メディアで採り上げられることも珍しくありません。もちろん、いうまでもなくこのことは、主催者側の継続的な運営努力があってのことに他なりません。

「一筆啓上賞」と比較すれば、たしかに投稿数が限られるかもしれません。ただ、手紙はスタイルに応じて、それに相応しいテーマが設定できます。そして、その質を正しく評価していくことで、バランスの取れた作品のスタイルができてくることが、この取り組みからもわかります。

さらに、この取り組みの発展的な活動として、同協会では市内の老人ホームで入選作の朗読会を行うなど、コンクールを超えた取り組みも行われています。原稿用紙一枚分の四〇〇字以内に収められた手紙という扱いやすい形を通して、手紙に込められた「心」や「気持ち」を、多くの人と共有することにもつながっています。ある意味で、手紙が「小さな物語」になることで、地域の文化資産を蓄積し続けているともいえます。ここにも、取り組みを継続することの価値の大きさが見て取れます。

一方、会長は、手紙ならではの魅力や、それを学ぶことの難しさについて、次のように述べています。

「手紙は、適切な言葉を選択し工夫して書くことを促すところがある。デジタルの場合は、そのあたりの力が弱いのではないか。自分の中に留めておくことが難しい。すぐ出してしまう。」

「審査員の一人の大学教員は、学生の文章力のなさに驚き、学長宛に手紙を出す試みを行ったケースがある。学校教育では、以前は「作文の時間」が設定されていた時もあるが、「国語」という一括りの時間枠の中ではなかなか作文指導ができない現状にある。今の時代、効率を求めすぎているように感じている。」

地元の小学校教員でもあった会長は、長年関わってきた「愛の手紙コンクール」での体験から、手紙の「時間をかけて言葉を咀嚼し吐き出させる力」の大切さを、改めて社会に問いかけたいとのことでした。「愛の手紙コンクール」は、社会教育の試みでもあると考えることができます。

3　「千の風になったあなたへ贈る手紙」（愛媛県西条市）

西条市は、愛媛県東部、北は瀬戸内海に、南は石鎚山に囲まれた自然豊かなまちです。人口は約一一万人と県内では四番目ながら、農業、水産業、工業とバランスの取れた産業のまちでもあります。二〇一九年度版「住みたい田舎ベストランキング」（『田舎暮らしの本』二〇一九年二月号）では、四国で第一位を獲得するなど、魅力が詰まったまちであることがわかります。

そのような四国のまちで、「千の風になったあなたへ贈る手紙」の取り組みが始まりました。

この取り組みが誕生した経緯は、次のような二〇〇九（平成二一）年に行われた朝日新聞社の社会的責任に基づく企画によるものでした。

「大切な人を亡くした悲しみは大きいですが、その死を乗り越えて、ふたたび前を向いて歩きだそうとするみなさんの体験を募集しました。いのち、家族、生き方について考えるきっかけになれば幸いです。

このプロジェクトは、朝日新聞社と朝日新聞出版とが、企業の社会的責任として取り組みます。一人ひとりの思いが形となり、人々の心を揺り動かして、社会や環境を少しでもよい方向に変えることができたらと願っています。「千の風」手紙プロジェクト」

（『千の風になったあなたへ贈る手紙』二〇一〇年、七頁）

そして、この募集事業は全国的に大きな反響を呼び、最終的に世界一七か国、総数五〇五六通もの手紙が同社に届けられました。また翌年三月には、厳選一五三作品をまとめた作品集『千の風になったあなたへ贈る手紙』も発刊されました。

その後、第二回からこの事業は西条市に引き継がれ、現在に至っています。ちなみに、西条市は、名曲「千の風になって」を全国に広めたテノール歌手の秋川雅史氏の出身地です。そして、歌にゆかりのあるまちとして、この歌の心を広く次世代にまで伝えようと、地元の有志により実行委員会が組まれています。そして、すでに二〇〇七（平成一九）年から、関連するいくつかのイベントを通してまちづくりが行われていたことが、この「手紙プロジェクト」を受け入れる地元の下地にもなっていたことは、想像にかたくありません。

西条市のホームページでは、朝日新聞社からの手紙募集事業を引き継ぐ経緯について、次のように紹介されています。

「西条市では、この手紙募集事業に対し、「千の風になって」ゆかりのまちづくりを進める一市として後援を行っていましたが、この作品を多くの皆さんに紹介したいという思いの下、平成二二年八月に（株）朝日新聞社からこの手紙の原書の寄託を受けました。そして、当事業を（株）朝日新聞社より継承し、「千の風になったあなたへ贈る手紙」全国募集を西条市のあらたなふるさと事業として実施することとなり、平成二五年の二月から五月にかけて募集した際には、一三四〇通の手紙が寄せられました。さらに、平成二八年の三月から六月にかけて募集した、通算第三回目の手紙募集事業では、全国四七都道府県及び海外から一四四五通の手紙をいただきました。また、応募いただいた年齢層も最年少は七歳、最年長は九四歳と幅広い層からいただいております。」

このように、一企業の全国的な取り組みが、自治体のまちづくりとして引き継がれることは珍しい事例ですが、今まで三回にわたり継続的に実施され、毎回一〇〇〇通を超える応募が確保できているることは、この取り組みのもつ魅力に他なりません。

では、募集要項を見てみましょう。

募集内容は「心の中で生きる大切な人への手紙」であり、国籍、性別、年齢を問わず、誰でも参加できます。形式は、字数として日本語で四〇〇～一〇〇〇字、手書きに限らず印字、またテキストデータ（word ファイル）も可とされています。このような制約の緩やかさは、海外も含め遠くの地域からも投稿できることを考慮したものと考えられます。

「一筆啓上賞」や「愛の手紙」と比べると、投稿の制約は緩くなっていますが、字数上限は「愛の手紙」の倍程度であり、幅のあるスタイルとなっています。これらは、手紙という形式へのこだわりよりも、投稿しやすさを優先させたことに他なりません。

また、まちづくりの視点からは、「千の風」ゆかりのまちとして、北海道七飯町や新潟市と連携した取り組みにもなっています。いずれの自治体も、「千の風になって」の日本語訳を作詞した新井満氏と関わりがあります。七飯町には新井氏の別荘があり、そこでこの歌の日本語訳が誕生したこと、新潟市は新井氏の出身地であることによります。このように、全国規模で自治体が連携することで、取り組みに広がりが生まれます。また、さまざまなイベントの実施やその参加募集への工夫でも連携することができ、お互い認知度も上げやすくなります。たとえば、「千の風」連携の象徴として、三つのまちには「白い羽のポスト」が設置されています。そこからも投稿ができるようになっていますが、投稿を募集していないときはモニュメントとして機能しています。

なお、市立西条図書館には、第一回から応募された手紙がすべて保管されています。また、回ごとにすでに三冊の作品集が朝日新聞出版から出されており、今後も事業を継続しやすい環境が整備されているといえます。

次に、西条市に継承された初めての回（第二回）で大賞となった作品を紹介しましょう。

【大賞】

拝啓お母さん——トリコロールに吹く風——

（新居浜市　59歳、男性）

お母さんは、後ろ髪を引かれる思いで、天国への階段を昇って行ったことでしょう。僕は47歳で、突然に脳出血を発症して、利き手を含む右半身不随の障害者になり、その一年半後にお母さんは、81歳で天国へ行ってしまいましたよね。その頃の僕は、杖を突いて、トボトボと歩くのが、精一杯という状態でしたからね。

リハビリに励みましたが、利き手が使えないのは致命的で、歯科医師の仕事には復帰できず、愛媛労災病院を退職しました。この時期の僕は、自分の存在価値を全く見出せず、「いっそのこと、お母さんの所へ行ってしまおうか！」とも考えましたが、お母さんが悲しむだろうと思って、こちらに踏み留まりました。

退職後も、労災病院へ通院して、リハビリを続けました。元同僚の先生や、看護師さん、特にリハビリ療法士の方々は、いつも僕を励まし、とても良くしてくれました。

多くの人に、応援してもらって、リハビリに精進した結果、発病直後の容体からは、想像もできないほどに、元気になりました。

また、お母さんと病院職員宿舎で、一緒に暮らしていた時、左手足が不自由だったお母さんの為に、二人で考えた色々な工夫が、僕自身の日常生活に、とても役立ちました。そして今では、僕は自立して、一人で暮らすことが、できていますからね、安心して下さい。

それからね、お母さん、わずかでも人様のお役に立てればと思って、ボランティア活動を始めたのですよ。障害者の僕ができることは限られますが、傾聴ボランティアというのをやっています。心を傾けて、じっくり相手のお話を聴かせて頂くボランティアで、主に高齢者のお話を傾聴させて貰っています。お母さんが生きていたら91歳ですが、同い年の方もいらっしゃいますよ。人生訓になるようなお話も多く、楽しく有意義に活動しています。おしまいに、お母さんを驚かせる話があります。最後に僕を見た時の様子からは、信じられないことでしょう。僕自身も諦めていたのですが、学生時代から続けていたヨットに、また何とか乗れるようになったのですよ。マリーナの仲間や、スタッフの皆さんに助けてもらって、再び海に出られるようになりました。燧灘（ひうちなだ）に、青―白―赤の横縞トリコロール・セール（帆）が天国から見えたら、それは僕が乗っているヨットですから、お父さんと一緒に、千の風になって吹いて来て下さい。セールにいっぱい、いっぱい、千の風がはらんだら、僕はもう寂しくなんかありませんからね。それじゃ、また！　お父さんにも宜しくね。

これくらいの長さの作品が、一〇〇〇通以上も毎回投稿されること自体驚きですが、手紙というより「エッセイ」または「弔辞」のような印象を受けます。いずれにしても、「死者への手紙」という特別な視点から、相手への想いをいかんなく表現できることを考えると、この取り組みのユニークさが感じられます。そして、手紙とは相手に心を込めて何かを伝えるだけでなく、それ以前に相手への自分の深い思いを、時間をかけて丁寧に自分の中で整理し、それを存分に表現できるメディアでもあることが改めてわかります。

「千の風になったあなたへ贈る手紙」の取り組みからの気づきを、補足してみたいと思います。

まず、手紙のテーマがまちづくりのテーマと結びついていることが挙げられます。さらに、同じテーマを共有する自治体同士が連携して、手紙事業を推進していくことにつながっています。

まちづくりの視点からいえば、シンボルとして「一筆啓上賞」は丸岡城、「愛の手紙」は愛の鐘、そして「千の風」は「白い羽のポスト」の他、それぞれのまちに設置された共通の「千の風モニュメント」が該当します。ただ気になる点としては、手紙事業はまちづくりのテーマの一部に過ぎないため、手紙としての魅力をどこまで前面に出し、まちづくりが進めていけるかは不透明なものとなっています。あくまでコンクールは、全国から関心を呼ぶきっかけなのです。

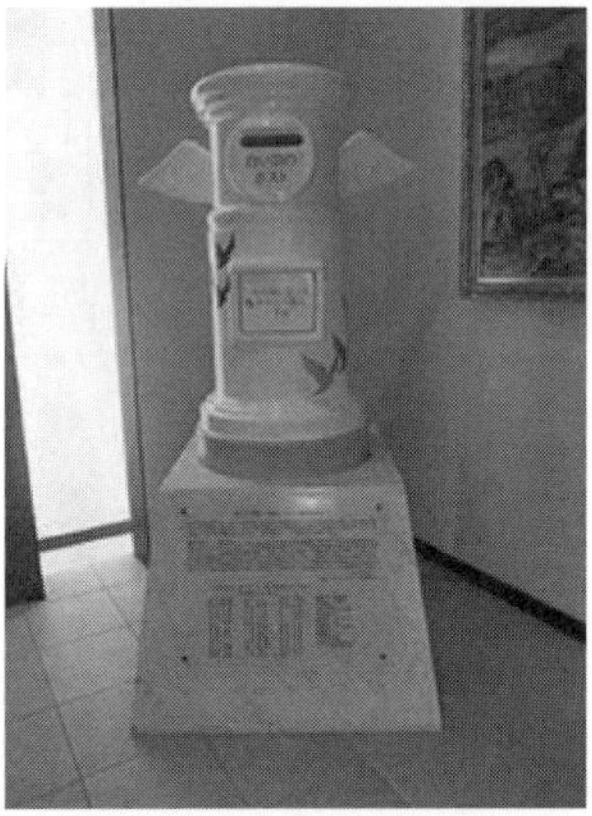

写真③　白い羽のポスト
（市立西条図書館内）
※著者撮影

この取り組みでの手紙募集自体は、「一筆啓上賞」や「愛の手紙」と同様ですが、毎年コンクールが実施されるわけではない点が異なっています。つまり、オリンピックのように何年かおきに行われるイベントになるため、社会からの関心を維持する工夫が、コンクールを実施しない時期には必要になってきます。その点では、毎回受賞作品が出版化され、形として残っていくことに、大きな意味が認められます。可能であれば、出版物により取り組みを記録として紹介するだけではなく、常に多くの人の意識に上るようなきっかけとしての工夫が、さらに必要なのかもしれません。

手紙のテーマについては、「愛の手紙」のように広くはありません。しかし、普段はあまり意識しない「死者への思い」は、身近な普遍的なテーマです。ちょうど、毎年二回のお彼岸に墓参し手を合わせるように、年に何度かは自分の心の中にある死者への深い思いを再確認するためには、相応しいテーマでもあります。このことは、後述する「伝えたい、こころの手紙」や「漂流郵便局」の取り組みにも共通しています。

このように見てくると、手紙をコンクールとして扱う場合に、テーマ設定の大切さと難しさが改めてわかります。それは、テーマが多くの人を惹きつけるものであれば、現在忘れ去られがちな手紙に目を向けさせるきっかけとなり、イベントへの参加を促すからです。そして、テーマに相応しい形式も大きな意味をもっています。なぜなら、その形式がテーマに相応しい思いを込められるだけの器になれるかが問われるからです。そう考えると、身近な死を丁重に扱うとき四〇〇～一〇〇

○字という枠は、何度も推敲を重ねながら作る上で適切なのかもしれません。
なお、応募された手紙の特徴について、西条市への取材（二〇一八年五月）のとき地域振興課の担当者からお聞きした次のコメントは、実に興味深いものでした。

「手紙の作品展を開催したことはあるが、手書きによる生原稿が割に多く、イメージとしては四対六ぐらいの割合。手書きの手紙は、相手がしっかりイメージされており、相手とコミュニケーションしている感じがする。一方、ワープロなどで来る手紙は、「作品」のような感じであり、リアリティに差があるような気がしている。」

「字数は四〇〇〜一〇〇〇字程度となっているが、文面へのこだわりもさることながら、封筒や便箋に凝ったものや、ときに千羽鶴を同封したものまであった。そして、多くが達筆で、手紙はさまざまな要素が一つにまとめられた、送り手らしい「贈り物」のようだ。」

死者への想いを、文面を超えていかに表現できるかという点で、手紙のもつ表現の幅広さを改めて感じさせます。また「手書き」とそれ以外の手紙では、受け取る印象が異なることも改めてわかります。手紙のもつ表現の奥深さを、実にわかりやすく感じさせるコメントです。

では、今度は類似の取り組みを行っている民間企業の事例を見てみましょう。

4　「つたえたい、心の手紙」（株式会社くらしの友）

すでに紹介した「千の風になったあなたへ贈る手紙」は、まちづくりとの関係で手紙事業が取り組まれていました。それに対し、民間企業であるくらしの友の場合は、自社の広報活動の一環として類似の手紙企画である「つたえたい、心の手紙」が位置づけられています。

まず、主催している株式会社くらしの友について、その会社概要を見ておきましょう。

同社は、一九六七（昭和四二）年に創業された「生活文化支援」を行う、社員数一四〇〇名あまりの企業です。本部は東京都大田区にあり、冠婚葬祭の互助会事業を軸に、首都圏を中心としたエリアで事業を展開しています。とくに同社は、葬儀部門での評価が高く、経済産業大臣表彰を二度受賞（一九九五年「消費者志向優良企業」、二〇〇〇年「消費者志向優良グループ」）するなど、同社の長年にわたる経営努力の成果が認められています。

冠婚葬祭は、時代が変わってもなくなることがない事業です。また、古くからの文化が継承される事業でもあります。このような事業特性を重ねてみると、人が人生の節目や死に向き合ったとき、誰もが抱く共通の思いに気づくことができます。

そのような中で、同社により二〇〇八年から「つたえたい、心の手紙」の取り組みが生まれ、毎年実施されています。同社ホームページでは、その趣旨について次のように紹介されています。

「つたえたい、心の手紙」は、亡くなった大切な方へ向けて、生前伝えられなかった想いを〝手紙〟として記すことで、悲しみを乗り越えるきっかけになれば……という願いのもと、二〇〇八年より毎年実施している活動です。

私たちがご葬儀のお手伝いをさせていただくなかで、ご遺族の方々が伝え切れなかった想いを手紙に託し、お棺に納められる光景をよく見かけていました。そこで、そういったさまざまな思いが詰まったお手紙の力を、皆様にお伝えすることはできないかと考え生まれたのが、この「つたえたい、心の手紙」です。

ここでご紹介するお手紙たちが、皆様にとって、大切な方々との絆を再確認していただく一助になればと願っております。

（同社ホームページ、「つたえたい、心の手紙とは」より）

次に募集要項を見てみると、八〇〇字程度（応募作品は未発表のオリジナル、実際に亡くなった方への手紙に限る）となっています。また、郵送だけでなく、メールでの投稿も受け付けています。字数としては、西条市の「千の風になったあなたへ贈る手紙」とほぼ同程度です。四〇〇字詰め原稿用紙二枚程度の枠は、故人への深い想いを丁寧に書くために、必要な字数なのかもしれません。「愛」について書く字数の倍程度となっています。誰かを悼む気持ちは、それだけ心に深く刻み込まれているのでしょうか。

応募数は、第一回（二〇〇八年）は七七一通でしたが、第二回以降は一〇〇〇通を超えています。二〇一七年は一〇年目にあたり、一〇三一通となっています。直近の五年間の応募数を平均すると、約一二三二通で毎回一〇〇〇通あまりの応募数が確保できており、安定した運営の様子がうかがえます。西条市での取り組みは毎年行われているわけではありませんが、同程度の応募数となっており、このような故人に向けた手紙を募集する企画の見込み規模として、考えられるのかもしれません。

また、出版物との連携では、第一～五回の受賞作品が単行本や文庫本化されています。また、第九回では受賞作品が、お笑い芸人の鉄拳さんによってパラパラ漫画化されています。そして、その動画「お父さんは愛の人」は多様なメディアやクチコミで話題となり、一〇〇万PVを超えただけでなく、『いつか伝えられるなら』（二〇一七年）として書籍化までされています。また、受賞作品の一部は、交通広告のコンテンツにも使われています。このような積極的なメディア展開は、自治体にはない企業らしさが感じられます。手紙企画や受賞作品の良質なメディア・ミックスだといえます。

では、第一〇回の受賞作品から「金賞」を紹介しましょう。

「雨の日が好き」

（岡山県　83歳、女性）

お母さん、平成七年一月九日、あなたが94歳で永眠してから、もう二二年も経つのね。八日後には阪神大震災があったので、あなたの命日は忘れることができません。

晩年のあなたは、脳血栓の後遺症で右半身が不自由になり、特養ホームでお世話になっていましたね。勤め帰りに毎日面会に行ってたある日、担当の寮母さんが「お母さんは歌好きでよく口遊（ずさ）んでおられるよ。それに雨の日が好きみたい。どうして？　と聞くとね、畑仕事をしなくていいからだって」と話された。

あなたは女学校を卒業して、数え年18歳で地方地主の長男と結婚。夫の弟妹や、農作業の手伝い人も居る大家族の中で、姑さんの言われる通りに家事をこなし、一度も経験の無かった畑仕事の手伝いもよくし、「良い嫁が来てくれた」と評判だったそうね。お産の後も三日間休んだだけという丈夫な体が自慢だった。「雨の日が好き」だなんて、娘の私も知らなかった話を90歳を過ぎた今、なぜ寮母さんに話したの？明治生まれの女性たちは、「良妻賢母は忍耐」と、教えられていたのかな？　畑仕事はよっぽど辛かったのね。そういえば、車椅子から窓の外に降る雨を眺めながら涙ぐんでいたことを思い出したわ。胸の奥に秘めた思いがあったのね。歌好きなことは、「母親の歌う琴歌（ことうた）でお前は眠っていた」という祖母の話で知ってたの。だから大きい字の童謡の本を買って行き、一緒に歌うのが日課になったのよ。ねえお母さん！「どんぐりコロコロ、どんぶりこだよ」と注意してもどうしても直らず、最後まで「どんぐりコロコロ、どんぐりこ」で通したわね。ホームの人がみんなで拍手してくれたよね。末っ子で甘えん坊の私の看取りだったけど、楽しいひとときだった。笑顔を絶やさなかったあなたは、ホームの人に愛された。お母さん、「人にされて嬉しかった事を忘れるなよ。今度はお前が人様にしてあげるんだよ」と教えてくれた言葉、子どもに伝えていますよ。

二二年前に、九四歳で亡くなった母親に向けて、最後を看取った末っ子が、当時を回想しながらまとめた手紙です。末っ子自身が高齢になり、母親の亡くなった年齢に近づく中で、二〇年以上の年月を経てもなお忘れがたいエピソードが、明治生まれの母親の生涯とオーバーラップされ、豊かなイメージとして伝わってきます。おそらく、この手紙の内容は書き手にとって「十八番」の内容で、珠玉の作品といえます。そうそう何度も書けるものではありません。

故人に向けた手紙企画は、質の高さと継続性が見込める、定番の企画といえるでしょう。他の自治体や企業でも、十分取り組める企画であることも事例を通してわかります。

この企画に関して、くらしの友へ取材（二〇一八年五月）した中で、対応していただいた企画広報課の担当者のコメントには、いろいろ興味深い点がありました。とくに、投稿作品の質をいかに維持するか、また選考で意識していることについて尋ねたところ、次のようなコメントがありました。

「投稿の質については、選考過程で審査員として外部の識者に見てもらっている。ちなみに選考は、内部で一次、(必要に応じて一・五次)、二次と絞り込み、最終で外部の識者にお願いしている。幅広い目、多様な経験、さまざまな境遇などを意識し見極めてもらっている。」

「選考基準については、感覚的だが「読後に希望が持てるもの」を意識して選んでいる。亡くなったことは悲しいことだけれども、そこに託されている想いが人に対して暖かい気持ちや感謝の想いに気づかせてくれる。」

「内容の質については、人生を託された素晴らしいものばかりなので、担保する必要などあまり気にしていない。しいて言えば、受賞作品の冊子を読んでもらうことが、求められる質を意識することになっているのではないか。」

これらのコメントからは、投稿者の思いの深さや、考え抜かれた投稿であることがわかります。ただ、悲しみだけで終わるのではなく、「読後に希望が持てるもの」を選考基準としている点は、死者への手紙が単に個人的な回想に終わらせることなく、多くの人にとっても共感を呼べるものになるために必要な工夫だと思われます。

手紙への思いの深さを知る手がかりの一つとして、「手書き」とメールでのものとの比較について、次のようなコメントもありました。

「応募されてくる手紙は、手書きもメールによるものも受け付けている。比較してみると、手書きのものは文字の情報があり、字体、書き方、便箋などからその人の人柄が伝わってくる。手書きの手紙は審査後にかなり残っており、審査会では手書きの受賞作は手書きのまま冊子に載せられないかという意見もある。」

「手書き」には、言葉そのものの意味を超えた想いが、しっかりと投影されているようです。また、投稿者にリピーターがいるそうです。リピーターは、想いを寄せる同じ故人に対して、回ごとに異なるエピソードを綴ったり、時間の経過に伴い変化する故人への思いを綴ったりするとのことです。このように、毎年必ず故人を想い手紙を綴ることは、本人にとって彼岸に墓参りをするような、祈りの一つの形なのかもしれません。

さらに、手紙をしたためることの魅力について、以下のようなコメントがありました。

「この企画でいえば、タイトル「つたえたい、心の手紙」そのものではないか。いえなかった思いや気持ちが、「時間」が経ってようやく言葉になる。そのような（一定の時間を経た）表現ができるのが手紙ではないか。そして、可視化できるのも手紙の良さで、しかも残せる。通常、言葉は次々溢れて、次々消えていく。想いも同じで、時間が経ってもそのときの状態で残しておけるのが良さではないか。つまり、なかなか伝えられなかった思いが、手紙を書きながら推敲することで適切な言葉を選び、自分自身の言葉を通して可視化できる点が大きい。」

「さらにいえば、言葉として残した瞬間の想いとともに、風景や音楽なども想起させられるのが手紙ではないか。「一瞬の全部を切り取れる」ものかもしれない。」

手紙のもつ、想いを形として残す力が魅力の一つであることが、改めてわかります。そして、そのためには、ゆっくりと時間をかけて考え抜き選ばれた言葉による手紙でなければなりません。

いずれにしても、手紙を書くことで、その時々の自分の心を整理し、故人と心を通わせる機会になっていることは確かでしょう。くらしの友の手紙企画は、趣旨として西条市の手紙事業と共通する点が多くあります。ただ、葬祭業者として毎年継続実施していることが、多くの人たちに身近な死について考える機会を定期的に提供することにつながります。それとともに、主催している企業自身の社内の従業員に対しても、葬祭業者としての理念や使命を定期的に再認識させる機会にもなっていることがわかります。

手紙はアートだ

手紙のもつ、多くの人の心に訴えかけながら、さまざまな人を結びつける魅力は、自治体や企業などによる多様なイベント以外でも、近年目にすることができます。それはアートプロジェクトとして、現代アートの作家たちがユニークなコンセプトの下で行っている、実験的な取り組みの中に認められます。

現代アートでの手紙の活用は、手紙のもつ魅力を通常とは異なった形で凝縮し強調することで、多くの人たちの潜在意識に働きかけ、何かしら深いメッセージを引き出し、表現し、さまざまな絆を生み出すことにあると考えることができます。それは、手紙本来の機能をデフォルメしながらも、「手書き」で自らの心の奥深くを掘り起こそうとすることや、相手を想定せずに書くことで日常的に出会うことのない誰かと、心を通わせられることなのです。そこには、まさに手紙の本質に直結する不思議な魅力に満ちています。

たとえば、すでに他界し、受け手として現在存在しない相手に向けて書く手紙に、どのような意味があるのか。また、受け手はいるにはいるが、それがまったく知らない相手である場合に書く手紙とは、何のために存在しているのか。この時点ですでに、いずれの場合も返事をもらうことを放棄していることがわかります。つまり、既知の相手に何かを伝え、返事をもらうといった通常の手紙の機能を逸脱しているのです。

しかし、アートプロジェクトではそのような特別の設定の中でも、現実に多くの手紙が書かれ続けており、関係者にさまざまな意味と影響を及ぼしています。そこには、書き手である送り手自身のために書かれる手紙という意味や、まったく知らない相手から突然届けられる手紙がもつ意味がたしかに存在しています。現代アートは、関わる人それぞれにとって異なる意味をもってもかまわないものです。その一方で、ときに誰かの心を揺さぶり続ける存在やしかけでもあります。誰もが同じように感動する必要はありません。ただ、そこに込められている発案者の思いに対して、誰かが必ず反応し、何かを大きく変えるコミュニケーションの力が発揮されれば、それで十分なのです。

そこで、次に紹介する二つの事例を通して、現代アートの視点から手紙の魅力に踏み込み、考察してみたいと思います。

1　漂流郵便局

一つ目は、「漂流郵便局」と呼ばれているアートプロジェクトです。

まず、その概要から紹介していきましょう。『漂流郵便局』（久保田沙耶著、二〇一五年）によると、次のようになっています。


漂流郵便局（旧粟島郵便局）は、瀬戸内海に浮かぶ小さなスクリュー形の島、粟島のおへその部分にあります。東西の海流がぶつかり、日本最古の海員学校が存在したこの島は、かつてたくさんの物、事、人が流れつきました。

こちらは、届け先のわからない手紙を受け付ける郵便局です。「漂流郵便局留め」で寄せられた手紙たちを「漂流私書箱」で収めることで、いつか所在不明の存在に届くまで、手紙を漂わせてお預かりします。過去／現在／未来　もの／こと／ひと　何宛でも受け付けます。いつかのどこかのだれか宛の手紙

が、いつかここにやってくるあなたに流れ着きますように。漂流郵便局員

（二〇頁、必要に応じて著者が改行、句読点を追加した）

この作品は、アーティストの久保田沙耶氏が、瀬戸内国際芸術祭（二〇一三年）に向けて構想する中で生まれたものです。現在は、粟島郵便局一〇代目の局長だった中田勝久氏とアーティストの久保田氏が局員となり運営されています。

届けられた手紙やハガキは、二〇一三年芸術祭終了時（一一月四日）には四〇〇通ほどだったものが、そのまま延長された二〇一四年末には、累計三三四六通にまでに急増しています。このような状況に対して、手紙離れだといわれる現在、なぜ多くの手紙が漂流郵便局に届くのか、その現実について中田氏は次のように語っています。

「だれもが胸の内に秘めた想い、聞いてほしいという願望があると思うんです。そんな思いをはがきにしたためることで、気持ちの整理はもちろん、どこか癒されるのではないでしょうか。〝こんな場所がなければ、手紙を書くこともなかった。書いて気持ちが楽になりました。素敵な機会をありがとうございます。〟といった言葉をたくさんいただきます。何よりうれしい言葉ですね。」

（『漂流郵便局』四六頁）

現在も届けられ続けている手紙に記された受け手は、多岐にわたっています。亡くなった肉親や

ペット、名前の知らない人、愛着のある物、神様、宇宙人、そして未来の自分などと、バラエティーに富んでいます。このように、手紙といっても受け手が現実に生きている人間でなくてもよいとなると、自由に想像の幅が広げられ、手紙のもつ可能性もまた広がっていきます。通常であれば、受け手のいない手紙は「宛先不明」で戻ってきますが、この郵便局宛であれば私書箱に収まりバックメールにはなりません。ある意味で、

写真④　漂流郵便局　※著者撮影

送り手の心の奥を誰かに向けて開放させる仕組みになっているといえます。そして、自由に開放させることによって、送り手の心を癒す力が発揮されます。この取り組みは、手紙やハガキという形態や機能をもつメディアに着目したアートプロジェクトですが、手紙に内在する心の中に溜まり続けた何かを、誰かに向けて吐露させる機能に注目し、それをうまく活かしていることがわかります。手紙が本来もつ、双方向のコミュニケーション機能をあえて捨て、自己表現手段に特化することで、手紙の意味を捉え直しデフォルメしています。その意味について、久保田氏は次のように述べています。

「漂流郵便局をつくっていくにあたって、人間の文化は何か目に見える対象とコミュニケーションを深くとり合うことだけで生まれるわけではないと思うようになりました。コミュニケーションのとれないものに対しても、やまない試行錯誤を繰り返すことこそが、文化の発生原理なのではないかと今、感じています。」（『漂流郵便局』一五八頁）

このコメントを換言すれば、漂流郵便局に届けられる手紙は、想定するイメージの中の送り手を迂回して、自分とのコミュニケーションを重ねた末に、生み出されたものといえます。つまり、手紙というスタイルには、自分と向き合いながら思考を重ねることを促す機能が内在しているのです。そして、誰かを想定し深く思考を重ねながら、心の中を吐露することによって、自分自身が癒され、浄化され、再生されることにつながっていると考えられます。それは、まさしくアートとしての行為であり、現代アートの仕組みの中で、関わる人それぞれが自ら対話する中で何かを生み出し、自らが変わっていくことがわかります。

このアートプロジェクトは、そのことを如実に表現してくれる好例であり、だからこそ単発のイベントで終わらず、現在も継続されていると考えられます。また、「漂流郵便局」が実在していること、そこに訪れれば私書箱に送られてきた手紙を読むことができることも、大きな意味があります。単に、ネットの中だけで完結してしまうものではなく、手に取って感触を感じながら読むことができ、着実に現実の中で蓄積されていくことが、送り手の存在を示す証となっています。この点について、次の中田局長の言葉が、その意味をよく伝えています。

「ただはがきを預かる場所、というだけではなく、留守番役の局長が実在することで、現実と非現実を結んでいるんだと最近思うようになりました。実際にこの郵便局に訪れた人は、漂流するはがきたちを読むことができます。読みながら、忘れかけていた大切な人への思いや、封じ込めていた気持ちなど、ふだん気づかなかった何かに気づく。それもこの漂流郵便局のひとつの役割ではないかと思っています。」（『漂流郵便局』四七頁）

つまり、私書箱宛に手紙を送った人だけではなく、それを閲覧している人にもさまざまな影響を与えるものになっていることもわかります。

そして、この場所は、その当時の人がどのような想いを抱えながら日々生きていたのか、またどのような喜怒哀楽を表現していたのかを手紙という形で知ることのできる、社会的な「時代の記録」であり、「名もない人の日常の資料館」にもなりうるように思います。

以上のように考えてくると、ストレス社会といわれる現代には、このような場所は必要な場だといえるかもしれません。ネット社会の現在は、何もかもが高速で流れ去っていきます。情報量は計り知れないほど増大したかもしれません。しかし、本当に自分にとって必要な情報とは何か、誰かとつながるためには何が必要なのか、そもそも自分が生身の人間として存在している意味はどこに見出せるのか。そのような想いの中で、人はふと足を止め、ゆっくりと自分の心の奥深くを眺めながら、自分と向き合ってみることが、ときには必要なのです。まさにそのようなときに、誰かに向けて手紙を書くという行為は、「手書き」といった、身体を使いながらゆっくりと一歩前へ歩き出してみるきっかけになるのではないでしょうか。なお、「手書き」の魅力については、中田局長に取材（二〇一八年七月）した折、次のような興味深いコメントがありました。

「手紙について私は、文がうまいとか字が上手だとか気にしていない。それより、「手書き」で相手に伝えることが大切だと考えている。たとえば、年賀状をもらっても表も裏も印刷だと嬉しくない。一言手書きで添えるだけで、つい読んでしまう。」

「私もスマホを買わされて、親戚や孫からLINEでコメントが届くことがある。でも、やはり手書きが良いなあと思う。手書きで届いたはがきは、何度でも読み返すことがある。」

「手書き」は、その人らしさを感じさせるだけでなく、相手への向き合い方を示すとともに、形として残ることで相手の心の中にとどまり続ける力があることがわかります。

さいごに、一つだけ「漂流郵便局」に届けられた手紙を紹介しておきましょう。

〈祖父母の愛犬バン様〉

バン、お前は僕が小さい時から祖父母の家にいた白犬だったね。
僕がよく祖父母の変（代）わりに散歩してあげたこともあったけど覚えてる？
広場に行った時もバンはよく走り回って、僕が石を投げたらその石を追いかけて、
その石で背中をこすってるお前がおもしろく、僕に懐いてくれているお前が好きでした。
バン、お前はもうこの世には居ないけど、僕にとってお前は大切な犬だったし、
もう一人のおばあちゃんでもあったよ。（『漂流郵便局』九五頁）

今は亡き愛犬との、子どもの頃の思い出が、素直に表現されている手紙です。当時のさりげないエピソードの中に、愛犬との幸せな時間が凝縮されています。何かをきっかけに、ふとバンとの思い出が心の中に湧いてきたのかもしれません。それを、さりげなくハガキにしたため、漂流郵便局へ出すことで、送り手の想いが静かに相手（バン）に受け止められている様子が伝わってきます。このように、自分の心の中にふと湧いてきた気持ちを、そっと静かに収めることのできるしかけとし

て漂流郵便局が存在し、手紙がそのための大切なメディアとして意味をもつことが改めてわかります。ハガキに書かれた直筆の文面は鉛筆で書かれており、一〇代の青年をイメージさせます。彼にとって、思い出を回想だけにとどまらせておくのではなく、実際に相手へ「形ある物」として手作りし、ちょうど送り雛を川に流すような感覚で、ポストに投函する様子が目に浮かびます。そこまでやることで、気持ちが浄化されていくのでしょう。

2　水曜日郵便局

二つ目は、全国で熊本、岩手と拠点を変え、不定期に行われてきたアートプロジェクトの「水曜日郵便局」です。

まず、初めて実施された「赤崎水曜日郵便局」は、熊本県津奈木町の「つなぎ美術館」の取り組みとして行われていました。その始まりの経緯から見てみましょう。

この美術館は、二〇〇一年に開館し、津奈木町により運営されています。来訪者は、町外からの人が多いわりには、町内からの関心が低調でした。そのため、何とか地元で盛り上げようと、地元住民との協働スタイルによる住民参画型のアートプロジェクトとして、二〇〇八年からいろいろ試みが行われてきました。そのアート企画の一つとして、二〇一三年に三か年事業としてスタートしたのが、「赤崎水曜日郵便局」なのです。その概要は、次のようになっています。

つなぎ美術館では、地域資源の活用も考え、二〇一〇年に廃校となった旧赤崎小学校を「赤崎水曜日郵便局」として、二〇一三年六月一九日に開局させました。この郵便局では、全国から「水曜日の物語」を手紙として募り、送られた手紙を水曜日郵便局の事務局が内容を確認の上で、手紙を送ってくれた人には別の誰かの手紙を送ってくれる仕組みになっています。その手紙は、事務局によりランダムにマッチングされた上で、世代など多少の考慮が加えられたものです。もちろん、この郵便局は日本郵便とは無関係で、民間団体により非営利で行われているものです。

この仕組みには、送り手にとって受け取る相手が誰かわからないこと、自分にも知らない誰かから手紙が送られてくることに特徴があります。つまり、相手は同じ日本に生きていながら誰かわからないけれども、一度限りの文通が成立する試みといえます。

ちなみに、名前に組み込まれている「水曜日」には、次のような意味が込められています。

赤崎水曜日郵便局は、水曜日の物語が綴られた手紙によって人々の日常を交換するアートプロジェクトです。「なぜ水曜日なのか」。それにはいくつかの理由があります。建物が海の上にあるということ。海が陸と陸をつなぐように赤崎水曜日郵便局も人と人をつないでゆきたいという思い。週の通過点となり記憶に残りにくい一週間の真ん中、水曜日の出来事に焦点をあてることで日常性を大切にし、他人の日々の暮らしにも思いを馳せてほしいという願いです。……

（『赤崎水曜日郵便局』二二頁）

水曜日は「日常性」の象徴であり、その物語を手紙としてしたためることは、自分の日常を意識的に言葉として表現することになります。また、誰かの日常を知ることは、他人の日々の暮らしに関心を寄せることにつながります。このようなやり取りは不連続なコミュニケーションといえますが、この仕組みがないと知りえなかった日常のひとコマを、無名の人のエッセイを読むように知ることになります。その意味について、つなぎ美術館の楠本氏は次のように述べています。

「全国各地の老若男女が綴る水曜日の物語は実にさまざまです。たった一人の見知らぬ相手へ向けたモノローグだからこそ綴れる物語もあるに違いありません。顔の見えない手紙を通じた一期一会が生み出す刹那的な信頼関係が赤崎水曜日郵便局の要でもあり、すべてが真実として存在しうる理由でもあるのです。自分の日常と交換に誰かの日常を受け取る、ちょっと不思議なアートプロジェクト、それが赤崎水曜日郵便局なのです。」（『赤崎水曜日郵便局』一七頁）

赤崎水曜日郵便局では、イベント終了までの三年間で届けられた手紙は一万通を越え、それぞれの手紙には「老若男女の悲しみ、喜び、驚き、あるいは平凡な日常の出来事など、実にさまざまな物語が素直に綴られて」（『赤崎水曜日郵便局』二五一頁）います。

水曜日郵便局宛に投函する人は、特別な出来事や誰かのドラマティックな話題を期待しているわけではありません。当たり前の日常が今日も滞りなく訪れてきたことを喜び、自分の知らない誰かにも同様な日常が訪れていることに安心するわけです。このような意識に対して共感が生まれる背景には、二〇一一年に起きた東日本大震災後に顕著に見られているように、当たり前の日常のありがたみを再評価しようとするメンタリティが作用しています。投函する人たちは、社会がドラマティックに変わっていくことや、誰かがヒーローになることを求めているのではありません。水曜日に手紙を書くことが、平穏な日常を定点観測する機会となっているのです。そして、同時に当たり前の日常の中にも多くの喜びがあることを、お互いに気づくしかけとなっていることがわかります。

では、届けられた短めの手紙を二つだけ見てみましょう。

4月23日　水曜日
私の水曜日。
火曜日の夜からのコンビニバイトの夜勤を終え、
朝日がまぶしい時間に　おやすみなさいをする、そんな始まり。
一三時頃に起きて、自分一人で営んでいる小さな雑貨店をオープン。
……ただ、水曜日はぜんぜんお客さんが来ない。
来ないったら来ない。
ずっと夢だった雑貨店をオープンしたのは去年の春。
でも、最近は、すきま時間を使って始めたコンビニバイトのシフトの方が多く私は一体何屋さん？状態。
通りの奥に入ったわかりにくい場所にある我が店。
なので、なんなら水曜日に限らず　てんでお客さんは来ない。
来ないったら来ない。
それでも、タバコ屋のおばあちゃんみたいにボーっとカウンターに座って
お客さんを待つ、そんな水曜日。

（ペンネーム）亜希　36歳、長崎県

8月27日　水曜日
今日はうれしい事がありました。仕事から家に帰ると、送り物が届いていました。差出人はぼくの兄です。

ぼくには二つ年上の兄がいて、小学生の頃はよく二人で遊びに行っていたけれど、中学生になったとたんに全然遊ばなくなってしまいました。それから高校・大学・社会人と互いの住む場所やまわりの環境が変わるにつれて、どんどん距離が遠くなっていました。

そんな時に兄から届いた初めての〝お中元〟。中身はぼくの好きな食べ物。きっと仲が良かった小学校の頃を兄も思い出し、お中元を送ってくれたのだと思います。

小学校の頃の兄の笑顔を思い出します。

（ペンネーム）伝上山　31歳、宮城県

いずれの手紙にも、日常的なことが気取らず自然な形で表現されていることがわかります。そこには、ドラマティックな展開もなければ、強烈なメッセージもありません。でも、自分宛に届けられた知らない相手のリアルな日常のひとコマが、イメージとして共有されます。そして、その相手の日常が滞りなく当たり前に続いていることに、少しホッとしてしまいます。それはまた、おそらく普段の自分と同じような「普通の人」たちの当たり前の日々を、さりげなく実感することにつながります。

「水曜日郵便局」の取り組みについては、トークセッション「熊本から宮城へ水曜日郵便局のその先」（二〇一八年六月取材）が行われました。その中で、「なぜ、知らない読み手に向けて手紙を書くのか」という会場からの質問に対し、この企画に関わっている映画監督の遠山氏は、「孤独の肯定」だとコメントしています。

遠山氏のいう「孤独の肯定」が水曜日に手紙を書くことの根底にあるという見方は、次のように考えることできます。それは、現在マスコミを通じて、さまざまなニュースや事件など、多くの人たちは非日常を感じやすくなっています。そして、社会から取り残されたような「孤独な日常」を感じている人が少なくありません。しかし、等身大の当たり前の日常を、その象徴である「水曜日」に知らない誰かへ手紙を書くことで、自分の「孤独な日常」がごく普通で当たり前のものであることが、実感できるのです。また、誰かからの当たり前の「孤独な日常」が届けられることで、孤独な日常を過ごしているのは自分だけでないことが実感できます。そして、孤独を感じがちな自分の存在を、改めて肯定的に受け止めることにつながります。これは、ある意味で「精神安定剤」としての手紙の仕組みとして受け止めることでもあります。さらにいえば、近年ＳＮＳで「リア充（リアルな充実した日常）」を、少し誇張しながら誇らしげに相手に伝えることが、当たり前になっています。そのような中で、飾らない等身大のリアルな日常が届けられることに、少しだけホッとするのではないでしょうか。

このようなやり取りには、どの手紙も知らない相手への配慮と感謝に満ちた、「善意のコミュニケーション」が感じられます。それは、一つは「初対面」としての手紙であること、もう一つはペンネームだけでなく、誰かからの手紙を受け取るためには送り手の「実名」も書く仕組みになっていることにあります。つまり、「水曜日郵便局」では人が間で介在するアナログにこだわることで、その手紙が誰かの目を通した上で交換されること、また同じような思いを抱いている人同士を結びつけることにつながっており、安心と共感が受け手に生まれやすい仕組みだと考えることができます。このようなアナログの仕組みは、結果として参加者にフィルターをかけることになっていることもわかります。

このアートプロジェクトと「漂流郵便局」の違いは、送り手が実在していることです。また、自分が受け手にもなれることです。ただし、その相手は名前すら知らず、偶然選ばれます。はたして、このような手紙のやりとりに関心が集まるかと思われがちですが、全国から届けられた手紙は一万通を超えているのです。

このアートプロジェクトでは、手紙を通して自分の内面を誰かに受け止めてもらうだけではなく、誰かの思いをまた受け止める側にもなるといった、実在する誰かとの「つながり」を実感するところに魅力があります。つまり、当たり前の日常の交換を通して「つながり」を実感する手紙の魅力が強調されており、それにより孤独が癒されたり、マンネリ化しがちな日常を大切なものとして見直したりすることに結びついていると考えることができます。このことは、次章で紹介する現代の文通の世界や、その魅力にも通じる点でもあるといえるでしょう。

ちなみに二〇一八年には約一年間、東松島市の鮫ヶ浦で「水曜日郵便局」のアートプロジェクトが再開されました。半年間ですでに五〇〇〇通を超えたとのことで、熊本での取り組み以上の反応が見られています。このことは、年間数千件程度の安定した利用者が見込める取り組みになっていることを示しています。二〇一八年一二月には、鮫ヶ浦でのこのプロジェクトは終了しています。今後、別の場所での再開が待ち望まれています。

さらに、「水曜日郵便局」の考え方や取り組みは、小説や絵本にも採り上げられています。たとえば、「日刊ゲンダイ」に連載された『水曜日の手紙』（森沢明夫著）は、二〇一八年一二月に単行本として出版されています。その中では、水曜日の物語が手紙を通して、当たり前の日常の暖かさや穏やかさを知らない相手に届けられるだけでなく、ときに誰かの悩みと向き合い、その人の思いを後押ししながらその日常を変えていく様子が描かれています。この小説はあくまでフィクションです。ただ、誰かと誰かのつながりが偶然の産物であっても、「水曜日郵便局」という仕組みの中でやり取りされる手紙の魅力が、小説の中でうまく表現されていることは間違いありません。そして、それは単なるネットの掲示板や、LINE、TwitterなどSNSのコメントにはない、便箋にしっかりと直筆で書かれた手紙という形が生み出す力であり、影響力であることが改めてわかります。

写真⑤　鮫ヶ浦水曜日郵便局　※サイトのトップページ

第4章

生き続ける手紙の世界 二
——文通の世界

今も続く文通の世界

すでに紹介してきた手紙を絡めたコンクールやアートプロジェクトは、一言でいえば企画された仕組みの中で、多くの参加者を募るものです。しかし、戦後の歴史を振り返ったとき、日常的にやりとりしてきた私的な手紙の中で、「文通」が手紙を積極的に活用し、促進する役割を果たしてきたことがわかります。たとえば、「文通」を目的とした「郵便友の会（現ＰＦＣ）」は昭和二四（一九四九）年に誕生し、現在もなお七〇年あまりにわたり事業が続いています。その中で、最盛期が昭和三〇年代といわれており、当時会員数が約三〇万人にも上っていました。電話が一般に広がる前は、手紙が個人間の主要メディアだったことが改めてわかります。

そこで、本章では「文通」に視点を置き、手紙のやりとりが現在どのように行われているのかを見てみたいと思います。

最初に、現在の文通事情を見ていく背景として、押さえておきたいことがあります。それは、個人情報保護の問題です。ご存じのように、二〇〇五年に個人情報保護法が施行されました。その詳しい内容については触れませんが、基本四情報と呼ばれる「住所、氏名、年齢、性別」をはじめ、個人にまつわるセンシティブ情報を、本人の承諾なしには使えないことになりました。また、個人情報を収集する場合には、相手に目的をはっきりと示した上で、当事者から事前に承諾を得なければならなくなりました。

たしかに、現在の生活状況を思い起こすと、ネットでさまざまな情報が飛び交い、匿名でそれを悪用するケースが実に多く見られます。そこには、違法性が高くても法律が未整備のケースや、ストーカー被害などようやく法律が追いついてきた事案も少なくありません。ネットで知り合っただけの初対面の輩同士で凶悪犯罪を安易にしてしまう事件を目のあたりにすると、ネット社会の影の部分を思わずにはいられません。また、事件にまで発展しなくても、ネット上の誹謗中傷やいじめなど悪意に満ちたコミュニケーションが、ネット社会の日常には満ち溢れています。

このような時代背景を考えると、個人情報保護法の趣旨はよくわかります。わけのわからないDMが届いたり、ストーカー被害にあったりすることは、誰が考えても受け入れがたいことです。ただ一方で、それ以来、行政や学校をはじめ、多くの組織で名簿はどんどん姿を消し、災害時でさえも身近な関係者の情報すらわからないような過剰反応と思われる場面も、よく目にするようになりました。そのような中で、手紙についても本人の承諾があるとはいえ、以前のように雑誌などを通して、基本四情報をさらしてまで文通相手を求めることは、控えられるようになったわけです。

そして、現在も続けられている文通の世界では、二つのパターンの工夫が行われています。

一つは、ペンネームでの匿名のやり取りを基本とし、その文通を運営している組織が交換所の役割を果たし、文通相手同士の直接的なやり取りをしないものです。文通村など、近年新しくスタートしたサービスは、このケースに該当します。

もう一つは、会員を信頼し、個人情報保護をしっかり遵守するよう働きかけ、名簿の管理など運営面できめ細かく対応しているものです。ＰＦＣや日本絵手紙協会の絵手紙友の会など、歴史のあるサービスは、こちらに該当しています。つまり、文通相手同士が直接やり取りする基本スタイルを変えず、管理を厳しくすることで現在も運営が続けられているわけです。

現在の文通は、このようなきめ細かな配慮の中で、プライバシーを守りつつ、お互い不快な思いをしないよう工夫されながら行われています。

では、現在行われている文通の取り組みの中で、代表的な三つの事例を紹介し、ネット社会の中での文通による手紙の活用状況やコミュニケーションの意味について、詳しく見ていきます。採り上げる事例は、民間企業の「文通村」、日本郵便による最も歴史のある「青少年ペンフレンドクラブ（ＰＦＣ）」、そして独特な手紙のスタイルで続けられてきた「絵手紙友の会」です。

文通村

まず、新しい文通事業の代表として、文通村の特徴から述べていきましょう。

文通村は、二〇〇九年にスタートした文通をビジネスとする民間企業です。この文通事業は会員制で、個人情報保護に配慮し行われています。具体的には、ペンネームと架空の住所をもとに、事務局に手紙をまとめて送り、事務局が仲介することで文通が成立しています。架空の住所とは、都道府県名のニックネームのようなもので、東京は「お江戸通り〇△番地」、長崎は「かすてぃら通り〇〇番地」、福井は「越前通り△△番地」といったように、その土地らしさを表現したユニークなものとなっています。

事業がスタートし一〇年間が経過した時点で、すでに一〇〇〇名を超える会員がいます。当初は、認知度の低さのせいか、会員数が伸び悩んでいたようです。そのうち、ときどき全国紙やNHKなどで紹介されるたびに、会員数が伸びていきました。とくに広告に力を入れているわけではなく、多くがパブリシティによるマス・メディアでの不定期な紹介のため、現在も決して認知度が高いわけではありません。しかし、利用者を中心にSNSなどによる口コミも加わり、地道に少しずつ会員が広がっていき、全都道府県をカバーしつつ現在の会員数に到達しています。

この文通事業の特徴は、約九割が女性会員で占められており、三、四〇代女性を中心に幅広く世代を超えて利用されています。このことは、第2章で紹介したネット調査結果とも符合しており、利用動機や手紙への評価についても、ほぼ調査結果通りとなっています。

ここでの文通の仕組みを詳しく見ていくと、会報や文通村サイトで会員のプロフィールを確認し、関心のある相手に手紙を送ることが基本となっています。ペースは、月に二回（月初、月中）で、会員ごとに締め切りまでに届いた手紙がまとめて文通村から送られてきます。長い手紙もあれば、簡単なハガキもあります。その手紙が気に入れば、会員自身の判断で文通を続けていくことになります。相応しい相手が見つかるかどうかは運次第ですが、一〇〇〇人を超える会員が全国におり、特定の相手を指名せずに送ることのできる「風船便」といったサービスもあるため、何通かを出してみれば意外に反応があります。

実は、著者自身も会員になり、実験も兼ねて二年ほど文通を続けています。体験談として少しだけ紹介すると、最初に四通を書き、自己紹介を兼ねて「風船便」で出してみたところ、ほぼ同数の返信が届けられました。そして、届けられた手紙には必ず返信するようにすると、一年間で一〇人ほどの相手に広がりました。会報やサイトでの著者のプロフィールを見て、送ってくれた会員はちょうど半数を占めています。一年を経過した後、お互い共感できる部分が多く、長く続けられそうな相手に絞り、現在は四名の相手と月に一、二回の文通を続けています。

体験を通して感じることは、手紙を書くことは習慣になりやすく、日常のちょっとした定期的な楽しみになることです。顔も知らない相手と、手紙のみで私的なことをお互い配慮しながら会話することは、考えてみれば不思議なことです。ある会員からは、自分が普段接することのないジャンルのおススメ本や映画の紹介をしてもらえることで、自分の視野が少し広がります。また、ある会員からは、日々の生活の中で楽しみにしていることを教えてもらうことで、その土地柄に合った生活スタイルを知ることにつながります。さらに、ある会員からは、たまに悩みを打ち明けられることもあります。いずれも、落ち着いてよく考えられた内容で、時間をかけて丁寧に綴られています。ちょうど、何か大切なものをそっと手渡されたような印象があります。そして、自分もそのお返しをしなければと、自然に思えるようになります。

このようなコミュニケーションは、日常の小さなアクセントの一つとして収まってみれば、当たり前の出来事となります。そして、立場も世代も地域も異なるさまざまな相手と、定期的な落ち着いたつながりを実感できる機会になります。また、二年間のやり取りを通して、不快な想いをしたことは一度もありません。現在の文通の世界は、ネットの世界とは対照的に、悪意のない気持ち良い世界として広がっていることを実感しています。

さらに、二〇一八年六月に文通村社長へインタビューを行ったところ、興味深い話がいくつか得られています。

まず、女性会員が多くを占める会員属性について、社長は次のように述べています。

「女性は男性に比べ、小中学生の頃から手紙に慣れ親しんでいることも影響しているのではないか。手紙でなくても、交換日記やメモを手渡すことは昔からよくある。」

「ＳＮＳが好きか嫌いかで分かれる気がしている。インスタが好きな女性は「盛る」ことに抵抗が少なく、自己顕示欲が満たされているだろう。でも、それがあまり好きではない女性にとって、自分を表現する場があまりないように思う。そのような人たちが、深い関わりをどこかで求めているのではないか。」

「一方、直接話す場では、深い話はなかなかできないもの。だから、自己表現として深い話やつながりを強く求める場として、女性はとくに文通への期待があるように思う。」

「手紙は誰かが自分に興味を持ってくれる第一の方法であり、自分もまた相手に対し興味を持つことになる。それは、人間本来がもつ「つながりの心地よさ」なのではないか。」

つまり、手紙はもともと女性が経験的に親しみやすいメディアであり、さらにSNSなどネットでは満足できない人たちが、文通を通して深く心地よいつながりを求めているといえます。

また、ネット社会では「つながり」や「絆」が強調されることは多くありますが、その一方でつながりの程度については、あまり話題になることはありません。フォロワー数や「いいね」の数など多くが数値化され、数が競わされています。しかし、つながりの深さを考えると、その質が問われます。つながりの質は主観的なものであり、なかなか比較することはできません。しかし、文通にはネットでは辿り着けない深さの中でつながりを求め、信頼関係を醸成しているように思えます。

次に、文通する手紙の魅力については、社長は次のように述べています。

「手紙は「時間を楽しめる」ものになっている。現在は、時間をいかに節約するかが行動基準になり多くの人が動いているが、手紙はそれとは別の時間になっているのではないか。このことは、手紙に限らず、たとえば親しい人と会って過ごす時間の楽しさと同じだと思う。」

「手紙には適度な「距離感」があるのではないか。今の時代だからこそ、それが適度なのではないかと思う。現在は、距離感を詰めようと思えば詰められる時代だから、手紙のような時間は意味があると思う。ネットの場合（リアルタイムで十分考えないまま、やり取りしがちなため）誤解したまま反応し、関係が悪くなったり、炎上したりする場合もある。」

社長が語る手紙の魅力とは、日常的な生活時間への問い直しに他なりません。手紙によってもたらされる時間は、現在の私たちの多くが無意識に受け入れている効率重視による時間の対極に位置するものです。それは、時間がかかることを楽しめるコミュニケーションであり、それによって生み出される心地よい関係なのです。

以上を踏まえながら、文通によるコミュニケーションの意味を整理してみましょう。

文通には、手紙をやり取りする中で、信用できる相手が見つかれば、手紙を通した深い信頼関係を築くことが期待できます。その深さとは、自分のことを丸ごと丁寧に伝えつつ、相手のことを想像し理解する。そんな相互理解の深さといえるでしょう。そして、時間をかけたやり取りを通して刺激し合い、お互いが変わっていくような関係の深さでもあります。

さらに、その相手とのコミュニケーションにかける時間そのものを楽しめることや、定期的に継続される月二回のペースが、相手との心地よい距離感になっていることが、文通によるコミュニケーションの魅力であり、意味だと考えることができます。

このようなコミュニケーションの時間感覚から捉えたとき、改めてネットでのそれとは対極にあることがわかります。短時間での手軽なやり取りを通してつながっているネットでのコミュニケーションでは、時間をかけることはマイナスでしかありません。Twitter にしても LINE にしても、しばらく目を離しているとどんどん取り残されてしまいます。そして、少しずつ先行している他者との距離が離れていってしまうのです。つまり、時間だけを見ても、手紙でのコミュニケーションは、ネットのそれとは次元が異なっています。そして、手紙の場合は十分時間をかけることによって適度な距離感が生まれ、それが深い信頼関係につながっていくといえます。

さらに、文通村社長は「文通を通して、基本的に善意でつながる関係を作りたい」とも述べています。それは、「文通は贈り物だ」とする次の考えに基づいています。

「紙ならではの良さについては、「手軽でない」ことに価値がある。手書きで手間暇がかかるからこそ、受け取ったときに、（届けるまでに手間暇をかけてくれた）相手の様子がわかる。だから、手紙は相手からのプレゼントとして届くのだと思う。」

人は深い信頼関係を築くとき、贈与と返礼といった互酬的な関係を伴うことが、古くからよく見られます。そのようなコミュニケーションには、相手へのメッセージを柱としながら、それにさまざまな意味が付加されます。文通は、まさに信頼関係の度合いに応じ、さまざまなものが付加されるしかけだといえるでしょう。文通を続けていると、何気なく書いた半年前の言葉を相手が覚えてくれていて、あるとき文面でのコメントに加えて、それにまつわる絵ハガキや小物をさりげなく同封してくれることがあります。相手の趣味に合わせ、封筒や便せんに凝る場合もよく見られます。

ここで大切なことは、プレゼントを贈るためには、お互い相手のことをしっかりと理解する必要がある点です。そして、顔の見えない相手のことを理解するためには、手紙に組み込まれたさまざまな手がかりをもとに、それを読み解くための時間がそれなりにかかります。

このような関係は、間違いなく「善意の関係」として定着していくことが容易に想像できます。同じ匿名といっても、手紙による文通の場合は、善意の関係に発展しやすく、一方ネットの場合は、悪意の関係に流れがちです。おそらく、それぞれの発展方向の違いを分けるものは、コミュニケーションに求められる時間感覚であり、相互理解の姿勢やあり方ではないでしょうか。このあたりは、第5章のコミュニケーション分析の中で、しっかりと考えてみたいと思います。第3章で、すでに紹介した「水曜日郵便局」の取り組みの中でも、知らない相手宛に手紙を送る理由として「善意のコミュニケーション」がその場には成立していることが強調されていました。文通の場合は、そのことをよりわかりやすく示してくれています。

青少年ペンフレンドクラブ（ＰＦＣ）

ＰＦＣの前身は「郵便友の会」で、その始まりは古いものです。「郵便友の会」は、昭和二四（一九四九）年に誕生しました。当時は戦後間もない頃で、世の中は混沌としていました。また、「国内はもちろん海外にも友だちを求めて、友愛の世界を築こう！」と呼びかけられたように、平和への切実な願いが込められていました。

ＰＦＣの目的は、同クラブのホームページに、以下の三信条により示されています。

①平和な世界をきずきます。「平和（Peace）」
②友愛にあふれる社会をつくります。「友愛（Friendship）」
③教養ゆたかな人間をめざします。「教養（Culture）」

文通が、スタート時点から「善意のコミュニケーション」を前提としたものだったことがわかります。

会員数は、設立年の一〇月末にはすでに全国各地で二四の郵便友の会が生まれ、合計二万八七五四名にまで広がりました。当時の急速な拡大がうかがわれます。

そして、昭和三〇年代（一九五五～六四年）が最盛期で、約三〇万人で推移していました。その後、同会は平成一三（二〇〇一）年にＰＦＣ（青少年ペンフレンドクラブ）と改称されました。二一世紀にはばたく青少年団体として相応しい名称が必要だとされたためです。

その後、会員数は減少の一途を辿り、平成一九（二〇〇七）年には約六〇〇〇人にまで減少しました。また、郵政民営化がスタートした二〇〇七年の翌年、同会はいったん解散しました。そして、日本郵便株式会社の中で再スタートした後、平成二一（二〇〇九）年に規約が改訂されます。それは、それまで会員が中高生のクラブ活動に頼っていたため、卒業とともにまとまって退会することになるためでした。そこで、会員を個人参加に変更し、会員が卒業にかかわらず継続しやすくしたところ、じわじわと会員数が増加に転じてきました。平成二七（二〇一五）年には一万三五二七人と、ＰＦＣに名称が変更された以降ではピークとなりました。ただ、休眠会員も増えてきたため、同年会員更新手続きを行ったところ、いったん会員数は急減しました。しかし、その後は活動中の会員に絞られ、会員数が再度増加してきました。そして、二〇一八年時点では一万一〇〇〇人あまりとなり、現在も活動的で安定した会員数で推移しています。

現在の会員数自体は、昭和三〇年代に比べればかなり少ない数に見えますが、ネット利用が日常化している中で、現在でも一万人を超える会員規模は、他の文通組織と比較しても最大といえます。

現在の活動状況について、日本郵便ＰＦＣ事務局に二〇一八年七月に取材したところ、会員属性は二〇代以下が三六％と、すでに青少年ではない世代が過半数の比率を示しています。また、女性は八〇％程度を占めており、ここでも女性主体のメディアになっています。つまり、現在ＰＦＣでの文通は、三〇代以上の女性が主に担っている活動であることが、文通村と同様にわかります。

ＰＦＣは、基本規約によると、参加資格は「原則として、年齢や性別、国籍を問わない」とされています。そして、すべて個人会員として、自己責任のもと無料で参加することができます。

文通の仕組みは、毎月送られる会報に会員のプロフィールが紹介され、それをもとに各会員が文通相手を見つけ、実名で直接やり取りするスタイルになっています。ちなみに、二〇一九年一月（No.1823）の「レターパーク」からペンパル紹介の実名は苗字のみになりました。また、文通は会員同士の責任に委ねられ、原則として事務局が間に入ることはありません。そのため、文通にとどまらず会員同士が親しくなり、直接会う場合にまで関係が発展することも珍しくありません。文通村は文通のみを行う会員組織として厳しく運用されていますが、ＰＦＣの場合は文通が交流のきっかけになっている印象があります。

ＰＦＣ事務局への取材で、女性会員が主体になっている意味を尋ねたところ、切手・葉書室の担当者から次のようなコメントがありました。

「女性が多い理由は、もともとコミュニケーションに馴染む傾向が男性に比べて強いことや、いろいろ手紙やハガキに工夫を凝らすことを楽しみ、少人数で一緒に楽しむことに喜びを見出しやすい傾向があるからではないか。」

つまり、女性のコミュニケーション特性に、文通が馴染みやすいという見方です。たしかに、手紙に関するイベントの参加者や文具専門店の手紙コーナーでは、女性客が多くを占めています。そのことも考え合わせると、妥当な見方といえます。

また、文通の中ではどのような点を、手紙の魅力として意識している傾向が強いかを尋ねたところ、同室の部長から「人間味や温もりが感じられること。「手書き」により相手へ思いや気持ちを伝える、さまざまな表現の工夫ができる。「手紙は心の贈り物」「切手は小さな贈り物」ともいえる。」というコメントがありました。

手紙には、感情表現をはじめ、さまざまな表現の工夫ができること、また心のこもった手作りの作品、つまり贈り物としても意識されやすいことが改めてわかります。この点は、平安時代の頃から共通して見られる手紙の特徴であり、歴史的な重みを感じます。

さらに、「相手の気持ちのこもった手紙は、捨てられず保管される。何度も見返したり、読み返したりする良さもある」というコメントとも考え合わせると、手紙が贈り物としての揺るぎない価値があることがわかります。

このことは、漂流郵便局の中田局長の「孫からの便りはLINEより、手紙の方が素直にうれしい」といった言葉を思い起こさせます。このように、手作りの手紙に心を込め、まるで贈り物のように交換し合うコミュニケーションは、単に女性的だという見方を超え、手間暇をかけることや手紙をやり取りする「ゆったりとした時間を楽しめる」コミュニケーションだといえるでしょう。そして、すでに紹介したアートプロジェクトや文通村とも、コミュニケーションのもつ意味として共通する点でもあります。

ここ一〇年に限定して文通事業としてＰＦＣと文通村を比較すると、その違いは規模とやり取りする回数、匿名か実名か、そして運営の仕方ぐらいしか見あたりません。つまり、ネット社会でも、最低一万人以上の文通希望者が安定して見込めるだけでなく、文通村と同様に参加者による文通への評価も固まってきていると考えることができます。

最後に、今後の文通事業への期待を尋ねたところ、同室の部長から次のようなコメントがありました。

「手紙が「特別感」のあるメディアになっているとしたら、それを使う「機会」を作り出す必要がある。たとえば、季節行事、旅行など非日常的な体験など、それをきっかけに手紙を書くことを促す働きかけが必要ではないか。」

「日頃はＳＮＳでいいが、時々手紙を通して特別な気持ちを届けるような、使い分けができるといいように思う。これが、ネット社会でのデジタルとアナログの融合のような気がする。」

以上のコメントは、これからの手紙の利用促進につながるヒントを示唆してくれています。とくに、「手書き」による特別感のあるコミュニケーションの価値は、手紙でしか実現できません。そのようなアナログの特性は、デジタルでのネットによるコミュニケーションが主流になっている日常の中で、適切な使い分けを意識し、そのような機会を組み込んでいくことで、より際立つものとして位置づけられていくと考えられます。文通は、まさにアナログとデジタルの使い分けのモデルになりうるしかけだと、いえるのではないでしょうか。

絵手紙友の会

文通の中でも、さらに特徴的な取り組みとして「絵手紙」が挙げられます。そこで、最後の事例として、「絵手紙」での文通について見ていきましょう。

まず、絵手紙は、その創始者である小池邦夫氏により世に広められました。そして、絵手紙に関するさまざまな活動を行う組織として、日本絵手紙協会（以下、協会）が一九八五年にスタートしました。さらに同年には、その文通を行う組織として「絵手紙友の会」もスタートしています。

協会のホームページには、絵手紙のモットーは「ヘタでいい、ヘタがいい」と掲げられ、次のように説明されています。

「絵手紙」とは「絵のある手紙を送ること。」絵手紙は「作品」ではなく「手紙」です。上手にかこうと思わずに、普段着の自分を絵手紙で届けましょう。心を込めて一生懸命にかいたものは相手の心に必ず届きます。あの人の笑顔を思い浮かべて、語りかけるように、相手のかたが読みやすい字を心がけましょう。

（日本絵手紙協会ホームページより）

絵手紙は、手紙の一つのスタイルであり、普段着の自分を相手に心を込めて語るように、絵や言葉に託して相手に届けるものであることがわかります。絵はあくまでも、自分の心を相手に届ける要素の一つでしかありません。つまり、絵手紙は特徴をもたせた手紙である一方で、手紙一般の特徴と共通する点が数多く見られます。

協会の事業としては、『月刊絵手紙』の発行や「絵手紙友の会」の運営の他、講座の開催、公認講師の認定、各種イベントの開催などが行われています。また、山梨県忍野村には「小池邦夫絵手紙美術館」が運営されており、絵手紙全体のことがとてもよくわかります。

そして、協会事務局へは二〇一八年八月に取材を行い、現状などいろいろな情報を得ています。

まず、現在の絵手紙会員は『月刊絵手紙』の購読者とされています。近年、その会員は一万二～三〇〇〇人程度となっており、横ばいから多少減少気味とのことです。そして、会員のうち二割程度が「絵手紙友の会」に参加しています。購読者が少しずつ減少していることに伴い、「絵手紙友の会」も減少傾向にあり二五〇〇人ほどになっていますが、会員の二割程度という比率はあまり変わっていません。つまり、絵手紙に関心をもち、取り組んでみたいと会員になった人たちの中で、さらに文通を行うまで積極的に取り組もうとしている層が二割ほどいることになります。

なお、現在日本では、自治体や民間団体が主催する絵手紙教室など、絵手紙に接する機会は少なくありません。そのため、会員になっていない絵手紙愛好者も少なくないと考えられます。そのような背景も押さえておく必要があります。

では、取材からわかったことなど、以下述べていきましょう。

まず、協会によると、「絵手紙友の会」の会員は現在九割程度を女性が占めています。そして、六、七〇代が中心となっています。文通村やＰＦＣと比較すると、女性が多くを占めている点は同じですが、中心となる世代がシニア層に偏っている点は特徴的です。

さらに特徴的な点として、「絵手紙友の会」では文通だけではなく、イベントを通して会員同士が会う機会をもつことができます。協会では、「絵手紙友の会」の会員を対象に毎年全国大会が各地でイベントとして開催され、一〇〇〇人以上の会員が全国から集まってきます。このように、文通だけではなくリアルに出会う場も用意されていることは、会員同士の絆を強めるしかけになっていることがわかります。また、ＰＦＣのように会員によっては、文通から出会いにまで発展していくことがあるのに対し、「絵手紙友の会」では文通とともにリアルな出会いが組織的に用意されており、会員同士の関わり方がさらに一歩踏み込んだところにあるといえます。

「絵手紙友の会」の文通の仕組みもまた、次のように独特なものになっています。

それは、入会のタイミングが年に一度に決められています。その後、その年の名簿が会員全体に届けられます。その名簿には、実名、住所、生年月日、自己紹介など個人情報が記されており、その名簿をもとに各会員が直接文通を行うスタイルが基本になっています。文通村のように、事務局が間に入るわけではありません。この点は、ＰＦＣに近いといえます。

現在入会時には、まず二〇人ごとの組に分けられます。そして、新入会員はまず自分の組のメンバー全員に自己紹介することからスタートし、文通に少しずつ慣れていくことになります。その後は、名簿をもとに自由に相手を選択し、絵手紙をやり取りするわけです。

このような仕組みは、事務局によると「絵手紙友の会」のスタート当初からあったわけではありません。「絵手紙友の会」が長く運営されていく中、会員が二〇〇〇人を超えたあたりで、会員の要望を踏まえ導入されました。誰に出せばいいのか迷うことや、入会後誰からも絵手紙が来ないことがないよう、いろいろ試行錯誤された結果生まれた工夫だそうです。一方、入会したときに組に分けられることで、それぞれの組（二〇人）の連帯感が生まれやすいといった効果もあります。たとえば、その組での交流が発展し、そのメンバーを中心に絵手紙以外の新しい会が生まれる場合もあるとのことです。

なお協会によると、絵手紙のやり取りは原則として「毎日一通は書くこと」になっています。月に二、三回といった他の文通の仕組みと比べると、かなり頻繁であることがわかります。ちょうど絵日記を毎日書き、やり取りするイメージに近いといえます。そのため、よほど時間の余裕がないと続けられないと考えられます。このことは、会員としてシニア層の女性が多い理由の一つになっていることをうかがわせます。

ところで、絵手紙の定義ははっきりしていません。文面の要素としては、「絵、書、ことば」ですが、心が込められた手作りのものであれば、一つの要素だけでも良いそうです。

以上のように見てくると、文通といっても、絵手紙の場合はかなり独特な特徴が認められます。そして、文通の担い手としては主に女性のシニア層となっており、趣味の一つとして、絵手紙が手作りされている様子がわかります。そして、それを「絵手紙友の会」の会員同士で毎日やり取りすることで、お互い気遣い、また刺激し合い、日々の活力を与え合っていることがイメージできます。日本絵手紙協会の創始者である小池邦夫氏は、「一生の友を探し出してください」というフレーズで、絵手紙をする意味の一つを表現しています。このことは、シニア層になり友人が少しずつ減っていくことも、絵手紙が必要とされる背景になっていると考えられます。

つまり、絵手紙による文通のコミュニケーションの意味は、趣味と支え合いの両立にあるといえます。お互い日々挨拶するように、送り手らしい絵手紙を手作りし、交換し合う楽しみがもてます。

たしかに手間暇はかかりますが、その分楽しめる時間も長くなります。そして、お互い手応えのある形で信頼関係が築かれていくわけです。「絵手紙友の会」の会員にとって、絵手紙は単なる趣味にとどまらず、日常的な深い関係づくりのツールとして、絵手紙が必要とされていることが改めてわかります。

また、絵手紙の場合は、通常の手紙やハガキと比べると、手作りに対するこだわりや、送り手らしさがより鮮明に表現されます。また、言葉より絵が中心になることが多いため、さまざまな相手に伝わりやすい手紙のスタイルにもなります。このことは、国を超えた取り組みとして絵手紙が広がっていく様子に見ることができます。たとえば、協会では以前からイタリアで日本語を学んでいる人たちと、絵手紙交流が続けられています。現在は、ブラジルの日系人との間でも絵手紙交流が行われており、国際交流の広がりが見られます。このように、印象的な絵と簡単な言葉を特徴とした絵手紙は、そのシンプルさゆえに、さらなる国際的な広がりが期待できます。

さらに、絵手紙ならではの特徴としては、協会が創立された翌年の一九八六年から、全国大会が毎年行われています。絵手紙は、日々頻繁にやり取りすることで、深い絆が形成されますが、絵手紙のやり取りだけでなく、年に一度の全国大会で直接的な出会いがもてることにより、その関係はより強められます。協会によると、普段文通をしている会員が全国大会で初めて出会ったとき、「初めて会った気がしない」「昔からの友人のように感じる」といった感想がよく聞かれます。つまり、日々の絵手紙での交流により、すでに深い相互理解ができあがっている上に、直接的な出会いが加わることがわかります。

その他、絵手紙での文通には、習熟が求められるコミュニケーションであることが示されています。この点は、趣味を極めることにも通じます。絵手紙を習慣としながらトレーニングを重ねることで、そのコミュニケーション力が日々磨かれていく様子が容易にイメージできます。つまり、絵手紙はコミュニケーションの心と技を極めていくスタイルの一つであるといえます。このことは、通常の手紙やハガキでもいえることですが、習慣化は手紙の日常的な利用を文化にまで高めていく必須要件であることも示唆しています。日々やり取りを重ねる絵手紙の場合は、この点がとくに際立っているといえるでしょう。

コミュニケーションを形として残していきたいという思いも、絵手紙の場合はさらに強まります。なぜなら、やり取りがお互いの作品集を蓄積し、作り上げていくことにつながるからです。絵手紙のように世界に一つだけの心を込めた手紙は、お互いにとって贈り物であるとともに、捨てられない魅力があるのです。

手紙は時空間を超える

この章では、文通に関する三つの事例を見てきました。最後に、手紙の中でも文通のもつ意味について、まとめとして述べておきたいと思います。

文通は、何よりも送り手を「分身化」する古くからの手段だと、著者は考えています。直接相手に向き合わなくても、軽い挨拶から深刻な相談事まで、手紙に託して行うことができます。そして、それが有効に機能するためには、その人らしさやその人の心そのものを、手紙にいかに託すことができるか次第です。

「書は人なり」という言い回しが古くからありますが、「手紙は人なり」と言い換えられるかもしれません。「手書き」の文字や文面、その他いろいろな手がかりを通して、送り手のことがまとまったイメージとして、相手に伝わります。もちろん、手紙の内容を偽ったり、相手を騙そうとしたりすることもないとはいえません。しかし、文通の場合は、何度もやり取りすることが前提となりますので、受け手に感度がある程度備わっていれば、手紙に含まれた不誠実さや悪意が明らかになるのは時間の問題です。また、手紙は手間暇とコストがかかりますので、ネットがある時代には、わざわざ手紙を通して悪事を働くことも非効率的です。

それよりも、手紙はさまざまな表現の工夫により真意を伝えやすいメディアです。面と向かってはなかなか言えないことも、冷静に考え、言葉を選ぶことで、紙面では適切に表現できることは少なくありません。また、外見や先入観などに邪魔されず、純粋に送り手の心を手紙に託すことで、できるだけ誤解をなくすことができます。

さらに、文通は継続性が求められますので、相互の関係は時間とともに変化していきます。親しみや理解は少しずつ蓄積され、より安定した信頼関係が築かれていきます。逆に、時間とともに双方に必要性が感じられない場合は、その関係が自然消滅していくこともあります。いずれにしても、双方が納得した上で、関係が築かれていくことになります。絵手紙を通して「一生の友を探し出してください」という小池氏の言葉は、毎日絵手紙がやり取りできるだけの関係が成立しているからこそ、真実味が増してきます。

さらに文通は、手紙が相手からの贈り物として受け止められていることもあり、しっかりと保管され残されていくことがよく見られます。残された手紙は、当人たちにとってはフリーズドライされた「形のある記憶」として意味をもつだけではありません。社会にとっても、その時代のリアルな人間関係を語る史料として、価値が認められます。明治の文豪や著名な政治家などの手紙がまとめられ、出版されることは珍しくありません。その他にも、第3章で紹介した「漂流郵便局」に届けられる多くの手紙は、庶民の生きた時代の生活感やさまざまな想いを伝える民俗資料として価値が認められるでしょう。

文通は、手紙の価値をより高める仕組みとして捉えることができます。そこには、送り手の形を大切にとどめながら、お互いが時間をかけて関係を築いていくことができます。また、残された数多くの手紙は、当事者間の関係を如実に語るだけではなく、その存在自体が当時の社会に、双方の生きた証として残り続けます。

「手紙は時空間を超える。」少し大仰な言い回しですが、文通が現在もなおさまざまな工夫を凝らしながら廃れずに続けられているのは、長い歴史の中で完成度を高められてきた手紙の力が、今なお有効だからだと、著者は受け止めています。

第5章

手紙のコミュニケーション分析

前提となる考え方

本章では、今まで述べてきたネット調査結果、および現代に生きる手紙の世界の多様な事例を踏まえ、手紙をコミュニケーション学の視点から分析していきたいと思います。

進め方としては、まず機能分析を行い、手紙のメディアとしての特徴や魅力を明確にしていきます。そして、それらがどのような価値につながっているのかを整理したいと思います。さらに、それらの視点を発展させ、手紙の世界に展開されているコミュニケーションに、ネット社会の現在、どのような示唆が含まれているかについて、コミュニケーション全般を見渡しながら一般論として考察していきます。

なお、コミュニケーション分析を行うにあたり、前提としている二つの考え方を最初に述べておきます。

まず、コミュニケーションの定義についての考え方です。コミュニケーションは、日常的によく使われる言葉ですが、意外と話す人によって異なる意味で使われている場合がよくあります。たとえば、会話など言葉のやりとりのことを単に示していたり、何かに向けて言葉を発するだけのものだったり、意思疎通と捉えたりと、いろいろ目につきます。現在ネットの中でSNSを通して発せられている言葉は、必ずしも受け手とのやり取りを前提としていません。誰かが発したコメントに対して、「いいね」や絵文字らしきものだけの反応で、それがただ拡散していくことはよくありります。どこまでいっても一方向にコメントが広がっていくだけです。コメントを発した人は、フォロワー数や閲覧数、「いいね」の数などで、勝手に「認められた」と自己評価します。また、反応している人は無意識に次から次へと流れてくるものを、自動的に処理している場合も少なくありません。ときには、ロボットが機械的に反応しているだけの場合すらあります。

一方、単に言葉が絡めばコミュニケーションかといえば、必ずしもそうではありません。愛犬との日々のコミュニケーションには、言葉はさほど大きな意味をもちません。また、恋人など親しい間柄になると、言葉がなくても表情だけで伝わることは多くあります。もちろん、伝わればコミュニケーションが成立するという考え方もあるでしょう。

いずれにしても、日常的に多様に見られるコミュニケーションの考え方や定義は、どれが正しいというものではありません。ただ、コミュニケーションに「何を」「どこまで」求めるのかにより、考え方が変わってくるのです。筆者は、いつも次のように定義しています。

「コミュニケーションとは、相手との関係を築き、お互いを変えていく行為、しかけである。」

つまり、コミュニケーションによって、「関係を」築くことが最低限必要であり、それに満たないものはコミュニケーションではないことになります。単に誰かに向けて、言葉を発したからといって、それはただの「つぶやき」や「発信」に過ぎません。「いいね」とクリックしてくれたからといって、それは「いいね」の数が一つカウントされただけです。それで、関係が築けたわけではありません。

そして、「どこまで」求めるのかといえば、「お互いが変わる」ところまでなのです。ある程度のやり取りを通して関係が築かれた上に、双方にとって影響し合うところまでがコミュニケーションの役割だと捉えています。ひたすらフェイスブックで発信しているからといって、それによって受け手の何かが変わらなければ、単なる自己満足に過ぎないのです。

つまり、影響力のない段階では、どんなメディアであっても情報が風のように流れているだけで、コミュニケーションとしてはさほど意味がないことになります。コミュニケーションには、お互いを多少なりとも変化させるだけの重さが必要だと考えています。

このような考え方に立てば、手紙によってどのような関係が築かれているのか。さらに、お互いどのように影響を与え合うのか。このあたりまで、注目していくことになります。

もう一つは、メディア・リッチネスについての考え方です。簡単にいえば、さまざまなメディアによってもたらされる情報の「豊かさ（リッチネス）」を、どのように考えていくかなのです。それはまた、コミュニケーションの質を意識していくことに他なりません。

そこで、「豊かさ」という視点にこだわりながら、コミュニケーションの質全体を捉えるにはどうすればよいか。その参考となる考え方である「メディア・リッチネス」理論を、わかりやすく説明しておきたいと思います。少し硬くなってしまいますが、コミュニケーションの質を考えていく上では重要な考え方のベースとなりますので、ご容赦ください。

この理論は、組織の中でのコミュニケーションを考える中で発想されたものです。一九八〇年代のアメリカで考え出され、注目され、現在も研究が続けられています。

この理論の注目点は、行政や企業などさまざまな組織で、どのようにすれば組織力が最も発揮されるかです。もう少し具体的にいうと、幹部や職員、従業員の間でどのようなメディアを選び、活用すれば、個々の仕事が多義性（受け止め方のずれ）を減らし、効率を高め、その質を上げていけるかについて、実証的に明らかにしようとしたものです。また、「メディア・リッチネス」とは、コミュニケーションに関わる多様なメディアが本来もつ「潜在的な伝達力」だと説明されています。

では「潜在的な伝達力」をどう理解すればいいのでしょうか。まず、メディアに本来備わっているメディア特性に注目します。たとえば、テレビは一度に多くの人たちに情報を伝えられるけれども、その内容は限られています。とくに映像で表現することは得意ですが、詳しい客観性の高い説明は苦手です。そのように、さまざまな特性をもつメディア全体を捉えた上で、リッチネス（豊かさ）につながる共通の視点を明確にしました。そして、その視点から質を比較し、相対的にそれぞれのメディアの質の程度を測ろうとするものです。

その共通の視点として、次の三つが挙げられています。①迅速なフィードバックの入手可能性、②多様な手がかりを同時に運ぶ能力、③個人にどの程度焦点をあてているか、そして、それらが高いほどコミュニケーションの質の豊かさが認められるとしました。

では、それぞれの視点について、補足していきましょう。

①については、相手からの反応（フィードバック）がどの程度得られやすいかで、質を捉えようとしました。たとえば、面と向かって会話していれば、相手の反応はリアルにわかります。しかし、誰かに手紙を出したとき、返事には時間がかかります。返事すらない場合もあるでしょう。このような相手からの反応の速さから質を測るのです。

②は、そのメディアが相手の伝えたいことや、相手自身のさまざまなことを知る「手がかり」をどの程度もちえているのかです。簡単にいえば、相手の情報を推察できるヒントがどの程度示されているかで、質を捉えようとしました。たとえば、対面であればやり取りする言葉だけではなく、表情やしぐさなどによる非言語コミュニケーションも可能となり、さまざまな手がかりが得られます。一方、Twitterでのコメントはいくら反応が早くても、非常に限られた字数の情報でしかありません。いずれにしても、そのメディアがまとまった形で運べる「手がかり」の多さで質を測ります。

③は、少しわかりにくいかもしれません。簡単にいえば、明確な相手を想定したものか、その他大勢を対象としたものかの違いです。つまり、受け手としての相手をどの程度意識したものかどうかで、質を捉えようとしました。たとえば、電話（通話）は多くの場合、明確に相手がいます。その相手に向けてやり取りが行われます。やり取りしながら、相手に合わせた内容になっていきます。しかし、ラジオのリスナーの場合は不特定多数に広がります。もちろん、ある程度のリスナー属性を意識した放送はできますが、あくまで想定を踏まえたものとなります。ネット上でも直接送るメールは、多くが特定の相手に向けられたものです。しかし、LINEではメンバー共有の場へのコメントとなります。書かれる内容に占める相手を意識する程度は異なるでしょう。このように、相手のことをすでにどの程度知っているかにより、相手を意識した内容やメッセージがどの程度含まれているかで質を測ります。

前述したコミュニケーションの定義や質への考え方は、それぞれのメディアによるコミュニケーションの特徴を表すだけでなく、コミュニケーションの豊かさを評価する考え方にもなります。つまり、手紙のもつ豊かさを評価する視点として、①迅速なフィードバックの入手可能性、②多様な手がかりを同時に運ぶ能力、③個人にどの程度焦点をあてているか、それぞれについて評価することで、手紙のもつ豊かさがどの程度なのかが示せることになります。そして、その豊かさによって、どのような関係を築き、相互に影響し合えるかまで考えることで、手紙のコミュニケーション力が説明できることになります。

機能分析

では、さっそくリッチネスの三つの視点を軸に、手紙の機能分析を行っていきます。採り上げる視点の順序は変わりますが、多様な手がかりに関わる「表現性」、個人への焦点に関わる「関係性」や「保管性」、そして迅速なフィードバックに関わる「時間性」の流れで考察していきたいと思います。

1　表現性

今回広く取材した事例では、手紙といってもさまざまなスタイルがあります。コンクール関係では、「一筆啓上賞」のように四〇字以内に限定したものから、「つたえたい、心の手紙」のように八〇〇字を超えるものまで見られます。そして、文通の世界では当然、字数は自由となります。

一方、「絵・ことば・書」を基本要素とした絵手紙の世界では、相手にシンプルでストレートなメッセージが伝わるものが良いとされています。それは、絵筆を用いた絵が表現の主要なものとなったり、キャッチコピーのような印象的で簡潔なフレーズであったりします。ちょうど、俳句のような余韻もまた魅力になっています。

多様な手紙のスタイルの中で、まず文字そのものに注目すると、多くの取材先では「手書き」の魅力が共通して語られていました。「手書き」は、手紙にとって送り手らしい表現力を高め、気持ちを込めた表現の幅を広げる原点だといえます。文面の内容以前に、「手書き」のもつ情報の質は、活字と比較すると格段の違いがあります。それは、アナログとデジタルの情報の質の違いともいえるでしょう。たしかに、「手書き」には得手、不得手はあるものの表現の幅は人それぞれです。たとえば、筆跡鑑定で書き手の特定がなされることを考えれば、手書きは書き手の特徴を写し取っている、分身のような存在であるといえます。また、子どもの手紙を手書きのまま表したものと、活字にしたものの違いを比べれば、違いの大きさがよくわかります。

手紙の表現性を支えるものとしては、他にもさまざまなツールがあります。筆記具や便箋、ハガキ、封筒には、受け取る相手のイメージに合わせ、多様な選択肢があり、多様な意味を込めることができます。また、切手や風景印により、季節や土地柄などの特別感を演出することもできます。旅先から出すハガキには、その土地らしさがよく出ています。

とくに女性の場合は世代を超えて、このような表現の多様性への高い理解度が認められます。第2章で紹介したネット調査結果でも、「手紙は、切手や封筒などに凝るのは楽しい」という問いへの肯定的な回答では、男性二九・二%に対し、女性は五六・四%と倍近い差となって表れています。

そして、このような多様な表現を可能とする手紙のスタイル以上に、忘れてはいけないことがあります。それは、表現性を高めていく方向です。受け手への想像力とともに、その人らしさ、その土地らしさといった、まとまった特徴をうまく表現しようとする姿勢です。つまり、相手に喜んでもらうだけでなく、相手から自分をどう見てほしいのかを、まとまった表現として手作りする点です。そこに、手間暇とお金がかかりますが、それが楽しいと思えるだけの手紙の魅力があります。

なお、コンクールの場合は、数多くの件数を集め扱わなければならないため、やむなくネットで投稿を受け付けたり、ワープロで作成した手紙も認めたりしているところもあります。ちなみに、「一筆啓上賞」では、入選作の手書きの味わいも捨てがたいとして、二〇一七年度受賞作からそれらをまとめた出版物には、応募された手書きの書面も活字と合わせて掲載されるようになりました。

いずれにしても、規格化されたネットでのメールやＳＮＳでのやり取りのイメージと比較したとき、手紙の表現性の豊かさには限りがないことが改めてわかります。

2　関係性

手紙のやりとりをイメージしたとき、手紙を通して相手の分身を感じ、相手への想像力が喚起されます。しかし、その場に相手がいるわけではないため、相手の表情や立ち居振る舞いなど、いわゆる非言語コミュニケーションにあたる相手の情報はかなり制約されてしまいます。

手紙は相手の分身として立ち現れ、それを通して伝えられるメッセージは、余計な情報がない分だけ純化されて相手に伝わります。「手紙は心の会話」だといわれることがありますが、文面を中心に手紙全体が送り手の心を写し取ったものとして届けられ、やり取りがなされています。

たとえば、文通村ではペンネームでの匿名による文通が行われていますが、会ったことも声を聴いたことすらない相手を、手紙からイメージできるものすべてを駆使し理解しようとします。何度かやり取りを繰り返すと、そこには見えない相手へのさまざまな配慮と、見えないことでかえって送り手の純粋な心を込めたメッセージを、比較的容易に汲み取ることができます。

そのように、手紙によって築かれる関係は、多くが信頼を前提とした善意に満ちたものとなります。たとえば、今回取材したアートプロジェクトの一つである「水曜日郵便局」の取り組みでは、知らない相手に向けて自分の水曜日に起きた日常をエピソードとして届けるものです。それは、ランダムに相手をマッチングさせる手紙のやりとりの仕組みですが、常に初対面の相手を想定した「モノローグ」としての手紙が届けられます。そのため、文面には手紙を読んでくれたことへの感謝や、相手の幸せを祈る優しい言葉が多く綴られています。

文通の世界に見られるような手紙により築かれる関係性は、一言でいえば信頼性です。それは、何度かやり取りする中で、お互いが心を込めて自分のことを正直に語り合うことで支えられています。さらに、水曜日郵便局の取り組みを検討するシンポジウムでは、津奈木町でのプロジェクトに関わった赤﨑郵便局長から、直接出会うことがない相手との間に、手紙を通して善意による「心のインフラ」が築かれているという象徴的な発言がありました。

一方、ネットの場合では、匿名ゆえに相手を攻撃したり貶めたりするコメントがなされることが珍しくありません。この関係性の違いはどこにあるのでしょうか。

おそらく、手紙は自分の分身であることが相手に伝わることを前提にした上で、相手をイメージし、文面を丁寧に考え、表現を凝らすところに手間暇がかけられます。そのような長い過程を通して関係を築こうとする点が、ネットの場合とは最も異なる点だと考えています。たとえばＳＮＳでコメントをする場合に、限られた情報を自分本位に解釈し、主に感情にまかせて反応することがよくみられます。そこには、相手を理解しようとする姿勢や、熟考して言葉を選ぶような時間も余裕もありません。それゆえ、クールダウンさせる暇もなく、瞬間的に感情を爆発させることで、刹那的に自己満足するようなコミュニケーションになりがちです。

手紙のように手間暇をかけ、相手のことを冷静に理解し、メッセージがしっかりと伝わるような文面を練り上げる時間は、信頼を築く方向に向けられるからこそ、大変な作業であってもやりきれるものなのです。しかしながら、付和雷同的に相手を攻撃したり貶めたりする方向に向かうためには、エネルギーがかかり過ぎます。手間暇がかかることは、手紙がマイナス方向に向かいづらくするための、いわば障壁になっているのではないでしょうか。「心のインフラ」を築くためには、手間暇がかかるものだともいえます。ネット上での炎上や「祭り」をよく観察してみると、手軽さから気晴らしのように一気に燃え広がっている様子がよく認められます。

3 保管性

さらに、手紙は信頼構築の証として活用されることが多いだけに、その証は捨てられず大切に保管される場合が多くあります。相手が手間暇をかけ、自分に対して「一点もの」として手作りしてくれた手紙であることがわかると、それは単なるメッセージや想いを運ぶメディアを超えて、「贈り物」としての性格を十分兼ね備えることになるからです。また、保管されたものは、何度も読み返されることが少なくありません。たとえば、日本フィランソロピー協会が主催している「未来への手紙プロジェクト」では、子どもが生まれたときに両親や家族からその子どもに向けて、その感動を形として残すために手紙がしたためられます。誰もが祝福されて誕生してきた事実を形として残すことは、それを保管し後に本人をはじめ、関係者に読み返されることを前提としています。たとえば、生まれた子どもが成人したときに、その手紙を読み返すことができます。そして、二〇年前の自分に対する家族の愛情の原点を、手紙を通して確認することができます。また、それを書いた母親や家族は、当時のことを懐かしく思い出すきっかけにもなります。そして、成長とともに心身ともに離れていきがちな親子関係を、原点から捉え直す様子がイメージできます。この誕生を記録する手紙企画は、子どもへの虐待など不幸な親子関係の連鎖をなくす一助として考え出されたものです。いくつかの自治体では、母子手帳とともにその手紙の案内が手渡されています。その企画には、大切な贈り物として保管され、読み返される手紙ならではの魅力が、実にうまく活かされていることがわかります。

つまり、手紙を手作りの贈り物だと捉えたとき、そこから生まれる関係は「贈与」「互恵」に基づく関係となります。それは、信頼関係を支えることにつながります。一方、ネット上でのＳＮＳによるコメントは、記録としてネットの中にとどまり続けるだけであり、それが「誕生日メッセージ」であったとしても贈り物にはなりえません。あくまで、断片的なメッセージのやりとりの記録がネット上に残るだけです。そして、その記録はいったん消されてしまえばそれまでとなります。実に危ういものなのです。

この点についても、第2章で紹介したネット調査結果では、「気に入った手紙は、とっておきたい」という問いへの肯定的な回答は、男性四八・〇％に対し、女性は七一・六％と、男女ともに高い数値となって表れています。とくに、手紙利用への冷ややかな姿勢が目立っている男性でも、約半数が「とっておきたい」と回答している点に注目できます。

このように考えてみると、普段はネットで手軽なコミュニケーションを行いながら、誕生日や記念日など特別なときには、ネットではなくあえて手紙を贈るようなコミュニケーションの使い分けが、これからも相手との信頼関係を継続させていくためには、必要になってくるでしょう。その意味でも、手紙のもつ贈り物としての特別感や、それゆえ保管される特徴は、時代を超えても変わらない魅力なのです。

4　時間性

何度も述べてきたように、手紙には手間や時間がかかります。相手からの返事をもらうにも、かなりの時間が必要になります。迅速なフィードバックは、期待できません。要は、十分な時間が前提として必要なメディアだといえます。

ただ、ここで必要とされる時間は節約や、効率化のための時間とは少し異なります。それは、あえて手間暇をかけ、相手の顔を思い浮かべながら、ゆっくりと深く考えることを楽しむ時間だといえます。

今回の取材の中では、漂流郵便局に届けられた多くのハガキは、すでに亡くなった人、過去にお世話になった人など、受け手本人が現在いないハガキを書くことを前提としています。そのようなハガキが、五年間で約三万通といった少なくない人たちが書き、漂流郵便局に届けられてきた事実があります。そのことを考えるとき、次のことに改めて気づきます。

一般に、人は心の奥底に溜まっていることを吐き出すように書くことで、気持ちが整理されストレスから解放されます。それは、カタルシス（心の浄化）につながるからだと考えられます。そして、手紙を書くことは自分との対話であり、それを通して心を解放するプロセスだともいえます。もちろん、ビジネスレターのような形式的なものは、心を込めた情緒的なものではありません。事務的で、簡潔なものである方が好まれます。

ただ、手紙を書くこと自体に、他者だけではなく自分に向けた意味も意識することで、手紙を書く意味はさらに広がっていきます。そして、自分も含め、誰に宛てた手紙を書くにしろ、必然的に時間を十分かけて考えることが求められます。

さらに、手紙時間は書くことにかけられる時間だけではありません。相手からの手紙をゆっくりと味わいながら読む時間も必要です。他にも、手間暇をかけて書いた手紙を推敲の上完成させ、ようやく投函するときまでにかける時間があり、さらに手紙が相手に届けられるまでの翌日から数日間の時間があります。ゆっくり時間をかけて届けられることは、見方を変えれば、ゆっくりと待つ時間が存在することでもあります。待つ時間は、手紙が届けられるまでを楽しむ時間でもあります。つまり、手紙には迅速なフィードバックが期待できるような時間がない一方で、時間を楽しむ機会がいろいろ存在しています。この点は、リアルタイムでのやり取りが多い、SNSなどのネットと対照的です。心を込めて考え抜いた手紙が、文通ではゆっくりとした時間の中でやり取りがなされます。ひと月に一度しかやり取りしない文通は珍しくありません。しかし、それは息つく暇もなく、断片的な言葉がやり取りされるＳＮＳでは、決して味わえない時間の楽しみ方に他なりません。このように、ゆったりとした時間体験ができることも、見方を変えれば十分魅力的なのです。

価値分析

次に、コミュニケーションによってもたらされる価値について、さらに考察を進めていきたいと思います。

コミュニケーション価値とは、単なるそのメディアの機能や特性ではなく、そのメディアを通したコミュニケーションによって、双方にどのような変化が期待できるかだと考えています。つまり、コミュニケーションの定義に従えば、手紙によってもたらされる、手紙ならではの影響力と言い換えてもよいでしょう。

1　分身化

まず、手紙には送り手の「分身」を、相手にもたらすことができます。すでに述べてきたように、手紙には多様な表現性が備わっています。その工夫次第で、自分らしさを表現することができます。また、手書きの文字から、知らず知らずにその人らしさが伝わってしまうことがあります。つまり、相手の目の前にいなくても、手紙を通して自分の「分身」が存在しているかのように感じさせることができるわけです。それを、手紙による「分身化」ということができます。

たとえば、すでに亡き父親からの直筆の手紙を繰り返し読むことで、父親の存在を常に身近に感じることは難しくないでしょう。病床に臥せっているときに届けられた遠くの親友から届いた手紙は、見舞に来てすぐ傍で微笑んでくれているように感じるかもしれません。そのように、場所を越え、時間を超えて、親しい相手の存在や心情などを、身近に想起させることが手紙により可能になります。

一方、直接対面して会話する場合と比較してみると、手紙により相手からもたらされる情報やメッセージは限られますが、その場に相手がいない分だけ、より純化された心情や本音を感じることができます。相手に感謝の気持ちを伝えるとき、面と向かってはなかなか照れくさくていえない感謝の言葉が、手紙だと比較的ストレートに出せるものです。そして、手紙の場合は、読みたいときに読むことができます。それは、自分が相手と対話したいときに気持ちを整えて冷静に対話できることだといえます。

つまり、手紙によってもたらされる情報の質は、送り手次第ではありますが、送り手らしさを感じさせる程度にコンパクトにまとまっています。それは、ちょうど素早く描かれた似顔絵のようなものです。そして、対面したときの表情やしぐさなど余計な情報が省かれている分、送り手らしさや、送り手の伝えたいことがシンプルに、よりくっきりと浮かび上がってきます。また、受け手のペースに合わせて、時間をかけて冷静に向き合えることで、相手の気持ちやメッセージを誤解することなく、深く理解することができるのです。

手紙のような、一定のまとまりのあるリッチネスは、コミュニケーションを通して信頼関係を築く上では不可欠です。一方、ネットでやり取りされるような、スピーディーで断片化した未消化なままの情報は、誰が誰に向けてメッセージを送っているのか不明瞭な場合がよく見受けられます。そのようなコミュニケーションでは、「分身化」は不可能です。つまり、手紙に手間暇をかけ心を込めることは、「分身化」には不可欠なプロセスだといえるでしょう。

なお、「分身化」を行うことに伴う自分への価値についても改めて述べておきたいと思います。それは、手紙は「カタルシス（心の浄化）」を生むことができることです。手紙を丁寧に、時間をかけて書くプロセスは、相手のことをイメージしつつ、自分と対話しながら適切な言葉を選び、試行錯誤しながら納得を深めていく時間に他なりません。その際、自分の心の奥底をのぞきながら、さまざまな思いに改めて気づくことがあります。手紙を書く行為は、自分の中の入り組んだ思いやしがらみを整理することでもあります。そのような行為が、自分の心を少しずつ浄化させ、背負い続けてきたストレスを軽くさせることにつながっていきます。今回紹介した事例では「つたえたい、心の手紙」（くらしの友）や「千の風になったあなたへ贈る手紙」（西条市）、そして漂流郵便局へ届けられた多くの手紙は、受け手が現在存在していない分、送り手にとっての意味がそれだけ大きくなります。つまり、手紙はゆっくりと書くことだけでも、自分にとって価値が十分生まれます。それは、ちょうど瞑想や座禅に近いかもしれません。

ただ、手紙の場合は日記などと異なり、誰かに受け取ってもらうことによって、自分の心の負担を相手とシェアすることになります。漂流郵便局のように、届けたい相手が現実にはいなくても、信頼できる誰かがしっかりと受け取ってくれるだけでも、心の負担を軽減することにつながります。このように、自らの心の負担を誰かへ移管または贈与できるしかけが用意されていることが、手紙を通してカタルシスを感じるためには必要なのです。なぜなら、手紙は現在受け取る相手がいなくても、関係性の中に存在しているメディアだからです。

2　心の会話

さらに、手紙は「心の会話」を可能にすることがわかります。

そのことは、第2章で紹介したネット調査結果での自由記述には、「こころ」に関わるコメントが目立っている点からもうかがえます。「手書き」への評価の部分では、「あたたかみ」とともに「こころ、心、真心」が、「手書き」の手紙をもらうと伝わってくると頻繁に出ています。手紙の魅力についても、「その人らしさ」が伝わることが多く挙げられており、その中身には「心」「気持ち」「人柄」などが目立っています。

ネット社会である現在、手紙を書く意味を単純化してみると、それは手紙に心を込めることや、それが相手にしっかり伝わるように工夫することにあるのではないでしょうか。そして、それを可能としているのは、最もシンプルで古くからのスタイルである手作りにこだわることです。また、手紙をまるで自分の分身のように扱いつつ、ゆっくり考えながら心情を載せる器として相手に届ける習慣です。

このようなコミュニケーションのスタイルは、他のメディアではなかなか難しいでしょう。対面や通話を除けば、心をまとまった形で扱える程度のリッチネスが不足しているからです。とくにネットでのさまざまなサービスは、何よりも便利さや効率性を追求するあまり、迅速さやそのフィードバック以外では、まとまりを欠いた断片化したスタイルになり過ぎています。そして現在、日常的に自分の心をまとまった形でやり取りできる機会が不足しがちなため、日々のネットでのやり取りだけでは満足できず、手紙のように心を扱えるメディアが、一定の女性層にはとくに必要とされているといえます。

そのことは、文通のやり取りを通してよくわかります。たとえば、文通村では相手のペンネームと架空の住所しか知らない会員同士でやり取りされています。文通を始めた当初は、儀礼的な挨拶や話題のやり取りが続きます。そのうち、相手の特徴や趣味、その他その人らしさにつながることが少しずつイメージできるようになってきます。文体も相手に合わせて、少しずつ変わってきます。やり取りされる内容は、お互いそのとき必要な情報とは限りません。ただ、相手の関心傾向や反応度合いがわかってくると、相手をイメージした話題の選択や相手に喜んでもらえそうな多様な工夫を凝らすことができるようになってきます。

さらに、相手への信頼が芽生え、また手紙でのやり取りのみの関係であることを考えるうちに、自分の悩みを打ち明けたり、相手からの相談を受けたりするようになります。こんな悩みまで、会ったこともすらない相手になぜ打ち明けてくれるのかと思うときがあります。しかし、考えてみれば「分身」とやり取りしているのであり、その「分身」が心を込めて親切に相手をしてくれているのだから、素直に心の中を打ち明けることができるのです。また、誰かに向けて悩みを打ち明けること自体に、送り手にとっての大きな意味があるのかもしれません。

このように、手紙という形の中で「心の会話」が成立していきます。ちなみに、著者が現在行っている文通相手のうち一人の方は、手紙の最後で「また、お会いしましょう」と、いつも締めくくります。まるで対面しているような感じがします。

もちろん、そのような関係が成立する相手は限られています。お互いそれなりの努力と配慮が求められます。ただ、その代わりゆっくりと時間をかけてやり取りする中で、相手のことをどの程度信頼できる存在なのかを見極めることは、さほど難しくはありません。手紙の場合、送り手は受け手の反映であり、その逆もいえます。文通では、とくに相手との相性が合わないと、長く続くことは難しいと考えられます。そのためにも、手紙による心を込めた丁寧なコミュニケーションを、時間をかけてお互い心がけていけば、必然的に「心の会話」につながっていくことは間違いありません。

このとき大切なことは、やはり手間暇をかけること、やり取りを重ねていく中でゆっくりと信頼関係を積み上げていくことなのです。そして、それに相応しいメディアが手紙なのです。

3　習慣化

手紙は習慣化しやすいメディアです。それは、その価値が認識され、一定の関係が築かれていくと、手紙を書く楽しみや待つ楽しみが生まれるからです。

このことは、絵手紙で文通をしている様子をイメージするとよくわかります。すでに紹介した絵手紙友の会では、毎日一通の絵手紙を出すことが基本です。それは同時に、毎日絵手紙が届くことを意味しています。お互い趣味をともにする間柄であれば、届けられる絵手紙にどのくらいの手間がかけられ、思いが込められているのかが手に取るようにわかるでしょう。

また、習慣化は日常的な時間との向き合い方と深く関わっています。手紙は手間暇がかかり、決して手軽なメディアではありません。しかし、手紙時間が楽しいものだと認識できれば、自分なりにさまざまな工夫を凝らすことができ、相手のことを思い浮かべながら手紙を綴ることは、決して苦痛にはなりません。逆に日常の中で、楽しみを生み出す工夫でもあるといえるでしょう。自分のペースでゆっくり考えること、相手に最も伝わるように表現を工夫することを鍛える機会にもなります。そして、何よりも相手がとても喜んでくれるコミュニケーションなのです。

手紙は、習慣化されることで、生活スタイルに少なからず影響を及ぼします。定期的に届く手紙を待つ楽しみが生まれ、定期的に手紙を書く時間が生まれます。それが安定したものになっていけば、生活のゆとりにつながります。言い方を変えれば、手紙習慣を日常生活に組み込むことにより、生活スタイルを変えていくきっかけになっていきます。

その意味で、水曜日郵便局の考え方は、実に示唆に富んでいます。「水曜日」が当たり前の日常の象徴であること。「水曜日」に、自分にとって当たり前の日常を手紙にしたためること。そして、その手紙を誰かの当たり前の日常と交換すること。受け取った手紙を読みながら、自分以外にもいつもと変わらない当たり前の日常が存在している現実を確認すること。このような考え方や一連の流れは、普段何気なく過ごしている足下に改めて目を向け、当たり前の日常が変わらず存在していることの意味や喜びを、考えるきっかけを与えてくれます。

現在多くの人は、何かと時間に追われ、効率性が求められる中に暮らしています。手紙は、そのような生活スタイルをときに補正しながら、当たり前の日常とは何かを考え直すしかけにも十分なるのではないでしょうか。

善意のコミュニケーション

現在もなお変わらず活動している手紙の世界を眺めていると、改めて気づくことがあります。それは、文通であれ、アートプロジェクトであれ、いくつかの手紙コンクールであれ、そこで展開されているのは「善意のコミュニケーション」だということです。

そのことは手紙が本来もっている価値というよりは、現在の手紙が生み出されている環境そのものであり、そのような世界はネット時代には稀有な場になっていると著者は考えています。

かつて「不幸の手紙」なるものが、話題になったことがあります。それが届けられた人は、一定期間のうちに別の相手に向けて、さらに多くの「不幸の手紙」を出さないと不幸が訪れるといった、悪ふざけのような話題だったと記憶しています。民俗学者の丸山泰明氏によると、もともとは「幸福の手紙」として一九二〇年代に英語圏の海外から日本に入ってきました。それが、戦後「不幸の手紙」へと変わり、高度経済成長期に広がり、そして一九七〇年代に再び盛り上がりを見せました。たとえば、『読売新聞』一九七〇年一一月二六日付に「不幸の手紙―閑話二題」として記事になっています。また、当時から人気を博していた漫画「ドラえもん」では、一九七七年に発表された作品の中に「不幸の手紙同好会」があります。そのストーリーは、一〇日以内に二九人に出さなければ不幸が訪れるとする「不幸の手紙」を題材にしたものでした。「不幸の手紙」は大人だけでなく、当時は子どもの世界にも広く浸透していたことがわかります。

少し横道に逸れてしまいましたが、「不幸の手紙」が話題になった時代は、それだけ手紙が日常的に利用されていたことの証です。その後、ネット時代になると、「不幸の手紙」はチェーンメールとして引き継がれ、存在し続けているようです。

つまり、現代のようにネットが日常化している時代は、「不幸の手紙」に代表される悪意は手紙の世界ではなく、より手軽に大きな影響力が発揮できるネットの世界に移っていったといえるでしょう。その代わり、現在の手紙の世界は、手間暇と多少のコストがかかることに価値を見出している利用者により支えられています。だから、手紙が本来もっていた善意が前面に出た世界に、現在なっていると考えられます。

たとえば、水曜日郵便局に届けられる多くの手紙には、知らない相手からの手紙を読んでくれたことへのお礼やねぎらいの言葉が目立っています。著者自身の文通体験でも同様に、送り手の心遣いが感じられる言葉や、暖かく優しい言葉が毎回届けられています。二年以上にわたる文通体験の中で、不快な思いをしたことはほとんどありません。

現在の手紙の世界が「善意のコミュニケーション」を当たり前に感じられる場だとすれば、定期的に手紙の世界に関わることで、悪意を含め玉石混交の思いが飛び交うネットの世界で感じがちな日々のストレスを、多少緩和させることにつながるかもしれません。このように、手紙が手間のかかる非効率的な世界であることが、かえって心地よい特別な場を生み出すことにつながっている点も、手紙の魅力として忘れてはいけません。

等身大コミュニケーション

手紙の世界から気づきとして得られるもう一つの視点は、「等身大コミュニケーション」です。すでに手紙の価値の一つとして、「分身化」について触れました。手紙は、書き手のその人らしさを写し取り、その人の気持ちが込めやすいメディアです。それは、なぜでしょうか。

おそらく、受け手にその人らしさが伝わる程度のサイズに、手紙がとどまっているからではないかと考えています。一方、ネットの世界では、Twitterなどでやり取りされる言葉を見ていると、どんどん短文化し、断片化しています。心に浮かんだ言葉を、十分咀嚼しないまま無意識に送ってしまう。感情に任せたまま、パターン化した言葉や記号を相手に投げつけてしまう。そこには、送り手のまとまったイメージが失われてしまいます。逆に送り手の存在を消し、匿名化した方が送りやすいのかもしれません。断片化された言葉によるコミュニケーションの世界は、石のような言葉がスピーディーに飛び交っているイメージが思い浮かびます。また、言葉のカウンターの数字が、ひたすら増え続けているイメージの場合もあります。

もちろん、急を要する言葉のやり取りは、スピーディーでなければなりません。緊急連絡、事務連絡、それに対する返事などは、速さが良さです。しかし、日常の中でやり取りする言葉には、もっと多様性があっても良いのではないでしょうか。

手紙が、送り手らしさを失わない程度に、さまざまな表現が加えられ、時間をかけて言葉が吟味され、そして丁寧に「手書き」で綴られる。そのような様子をイメージしたとき、一定のコミュニケーションの豊かさ（リッチネス）を維持し、文面のみならず行間からも心情が伝わるような手紙には、等身大であることへのこだわり、つまり自分の分身を手作りしている姿が見て取れます。

等身大について、少し補足してみましょう。等身大と同様に、サイズに関わる言葉としては、「ヒューマン・スケール」があります。言葉そのものの辞書的な意味は、次の通りです。

【ヒューマン・スケール】（human scale）

物の持ちやすさ、道具の使いやすさ、住宅の住みやすさなど、その物自体の大きさや人と空間との関係を、人間の身体や体の一部分の大きさを尺度にして考えること。人間の感覚や動きに適合した、適切な空間の規模や物の大きさのこと。身体尺度。

（コトバンク『デジタル大辞泉』より）

この言葉や概念は建築用語からきていますが、視点としてはとても広がりがあり、さまざまなジャンルに使えそうな考え方です。とくに、後半部分は、人間としての一定のまとまりを意味しているようです。

では、コミュニケーションとして「ヒューマン・スケール」といった考え方を、応用してみるとどうなるでしょうか。

まず、コミュニケーションには、定義の仕方によりますが、形はありません。さまざまなメディアを通して、その存在を認識するわけです。ちょうど「風」は直接目で見ることはできませんが、カーテンの揺れ、風速計の目盛りなどによって知ることができます。それと似ています。

コミュニケーションの質についての目安として、すでにメディア・リッチネスの考え方を紹介しました。それを踏まえると、「対面」でのコミュニケーションは基準として（100）と置くことができるでしょう。そして、それぞれのもつメディアの「潜在的な伝達力」のレベルにより、テレビ電話（80）、電話（60）、手紙（50）、電子メール（20）、Twitter（10）、LINE（5）といったように、仮説的にそれぞれ数値を振りつけることができます。これの数値は、あくまで著者の経験に基づく主観によります。手紙は一見低いように思われがちですが、やり取りに時間がかかることが、大きなマイナスと考えられるためです。

次に、コミュニケーションの質と、等身大との関わりについて考えてみます。

それは、コミュニケーションのヒューマン・スケールとは、身体的な部分や全体のまとまりだけではなく、相手に対する「自分らしさとしてのまとまり」を示唆する言葉、概念として応用して捉えることになります。

そして、具体的なレベルとして主観的に捉えてみると、今のところ（50）程度がヒューマン・スケールを感じさせるためには、必要ではないかとイメージしています。たとえば、テレビ電話を通しては、対面ほどではないとしても、十分ヒューマン・スケールが保たれると考えられます。電話や手紙の場合は、かろうじてその人らしさが相手に伝わり、感じられるレベルだといえるでしょう。ネット関係は、ヒューマン・スケールとは程遠いところに位置づけられます。

現段階では、このような見方はあくまで主観的な仮説でしかありませんが、レベル（50）を超えたコミュニケーションを、「等身大コミュニケーション」と定義したいと著者は考えています。つまり、お互い一定の質を伴うコミュニケーションを維持していくためには、「等身大コミュニケーション」が必要であり、手紙はそのレベルを維持できる程度に、さまざまな工夫が行われていると改めて捉え直すことができます。

さらに考えを発展させていくと、手紙時間が楽しめるように、相手とのコミュニケーションが楽しめ、夢中になれる時間がもてるためには、等身大コミュニケーションのレベルを意識する必要があるといえます。そのようなコミュニケーションは、相手との関係に心地よさを生み出します。心地よさには、さまざまなものがあり、人それぞれ感じ方はいろいろでしょう。筆者は、心地よさには、二つの方向があると考えています。

一つは、より一体感を感じるものです。たとえば、親しい友人や恋人、ペットと、できるだけ密接な距離でコミュニケーションすることは、とても心地よさを感じます。相手の思いに納得し、共感し、感動する。また、自分の思いを相手が同じように受け止めてくれる。簡単にいえば、コミュニケーションを通して、相手と自分の重なる部分が大きくなることです。このような関係を維持するためには、できるだけリッチネスの高いコミュニケーションが必要になります。一体感が感じられれば、言葉はあまり必要ないのかもしれません。そして、ネットでのやり取りでは、決して満足できない心地よさだといえるでしょう。

もう一つは、「つかず離れず」の関係が保てることです。相手と遠く離れたくはないけれども、かといって相手が自分に近づき過ぎるのも困るといったものです。親子や家族の関係などは、こちらの方が心地よいのではないでしょうか。文通友達と手紙により生まれる関係も、「つかず離れず」だから心地よさを感じます。このような関係は、「ヤマアラシジレンマ」の例として、よく紹介されます。ヤマアラシはご存知の通り、身体が棘で覆われています。しかし、寒くなると暖を求めて他のヤマアラシに近づきたくなります。しかし、近づき過ぎると、棘が刺さって痛いため、一定の距離のところでお互いとどまるというわけです。ご存じの方も少なくないかもしれません。

いずれにしても大切なことは、手紙というコミュニケーションは、「等身大コミュニケーション」を意識したものであることです。そして、そこから「つかず離れず」の心地よい関係が、生み出されやすいことです。

さらにいえば、手紙によるコミュニケーションを定期的に心がけることで、等身大コミュニケーションを身につけるトレーニングにもなります。手紙には、等身大コミュニケーションという見方を加えることで、手紙というスタイルに限定されない、他のコミュニケーションにも広がりのある魅力が含まれていることがわかります。この点も、忘れてはならない手紙の価値だと著者は考えています。

第6章

不易な手紙力

心のサプリ

この章では、前章で述べてきた手紙のコミュニケーション分析を踏まえながら、現在に限らずいつの時代にも通用する（不易な）手紙の活用法やその知恵について述べていきたいと思います。

まず、手紙を書く行為によって生まれるものから見ていきましょう。

すでに、いくつかの事例を通して「カタルシス（心の浄化）」について触れました。「千の風になったあなたへ贈る手紙」や「つたえたい、心の手紙」は、その人にとって浅からぬ関係にあった死者に対して、心を込めた言葉をゆっくりと紡ぎ出すものです。身近な家族をはじめ親友や、自分に大きな影響を与えた心の師などが、贈る相手になるのでしょうか。また、「漂流郵便局」へ手紙を送る相手は、死者に限らずその人にとって深く関わりがあり、今は相手に届ける方法がない場合に、本音を率直に書きしたためるものです。必ずしも長年のお礼や感謝の気持ちばかりではありません。何年たっても癒されることのない「いじめ」の記憶や、かつて自分と深く関わりのあった相手との忘れがたい思い出の場合もあります。また、過去の自分への後悔や未来の自分に向けた希望を、言葉にしておく場合もあるでしょう。いずれにしても、心の中に刻み付けられた何かを、表出させようとする点では共通しています。

一般に、類似した書く行為は、手紙以外にもあります。たとえば、日記をつけることもその一つです。日々の思いを日記に綴ることは、その時々の出来事や自分の気持ち、喜怒哀楽を言葉にして残しておくことです。それは同時に、習慣的にその日を振り返り、一定の時間の中で考えをゆっくりと整理しながら言葉にしておくことでもあります。それによって、自分の気持ちをスッキリさせ、その日の区切りがつけられます。日記にも、自分の心を整理し、落ち着かせ、安定させる機能が備わっています。習慣化すれば、楽しさも感じられるようになります。

つまり、書く行為自体に、多少の楽しみを伴いつつ、冷静に心を落ち着かせる機能が内在しているといえます。ただ、その機能を最大限に生かすためには、いくつかの条件が考えられます。

一つは「手書き」か、どうかです。たとえば、同じ日記を書くにしても、いくつかのパターンが思い浮かびます。昔ながらの日記帳に綴っていくもの。パソコンに入力しながら記録として残していくもの。さらに、ブログやフェイスブックを開設し、公開しながら誰かに見てもらい、反応を期待するもの。他にもあるかもしれません。

現代詩作家の荒川洋治氏は、日記をつける手書きの文字について、次のように述べています。

「子供のときの字は、友だちのものと、さほど変わらない。でもいまはちがう。何かのきっかけで、たとえば人の字をまねたりするうちに、いまの「かたち」になったのだろう。…

それからも人から手紙をもらったり、ちょっとした機会に人の書き物を見せてもらって、ああ、こんなふうな字の書き方があるのだと、気づく。そこでも変わることがある。自分の字には、意外と長い歴史があるはずである。……

日記は大多数の人が手書きだと思う。ワープロでつける人もいるが、手書きの文字のほうがあとから見ると楽しい。自分の字の変化がわかるからである。また、字はある程度は変化したほうが、その人のためにはいいように思う。」（『日記をつける』、六六―七頁）

引用が少し長くなりましたが、「手書き」には自分の成長とともに変化すること、それが歴史として残っていくことに、意味が見出せます。

また、パソコンなどへの入力に比べ、「手書き」で綴る場合は、手間暇がかかります。漢字を失念し、中断することもしばしばあります。しかし、概ね手で書くスピードと言葉を選びながら考えるスピードがマッチします。また、その時々の心の状態次第で筆跡が微妙に違ってきます。つまり、心と身体がつながっている状態といえます。

一方、パソコンやスマホでの入力作業として日記なり、ブログなりを書く場合は、ある程度の慣れさえあれば効率的に進みます。ただ、入力スピードに合わせ、十分考えることなく思いをそのまま書き飛ばしてしまうことや、誰かの目を気にするあまり率直に書けなかったり、大げさなものになったりすることも珍しくはありません。そして、文字は活字化されるため、筆跡の違いは見られません。

このように考えてくると、「手書き」であることは心と身体をつなげ、心情を表現しやすくしていると思われます。このことは、手紙の場合でも同様だといえるでしょう。

雑誌『pen』四六二号（二〇一八年）では、「手書きの味わい」について特集が組まれています。その中では、デジタルアート作品などを手掛けるチームラボ代表の猪子寿之氏による「手書き」の身体性について、もう少し踏み込んだ興味深いコメントが紹介されています。

「手書きというのは身体的な行為だから、その文字は身体性を帯びるし、相手も身体の一部として捉えると思うんです。それは、大げさに言えばキスと一緒で、ある種、身体の一部を提供しているようなもの。だからこそ特別な相手にこそ書くものだと思うし、相手にもその特別感が伝わるんでしょう。そういう意味では、いかにデジタル的な環境が整備されようが、手書きで手紙や礼状を書く文化は、この先も残っていくんじゃないかな…。」（『pen』五七頁）

デジタルのことを知り尽くしている猪子氏だけに、逆にアナログである「手書き」の意味をわかりやすく語ってくれていると改めて思います。

さらに、もう一つの条件は、日記と手紙を比較したときに気づく大きな違いにあります。それは、視点が自分に向けられているのか、自分以外の誰かに向けられているのかです。つまり、日記は自分に向けられているのに対し、手紙は誰かに向けて、自分の心を解放しようとしているのです。

要するに、自分と浅からぬ関係にあった誰かに向けて、書きながら自分の心を解放しようとすることは、自分の中のわだかまりを出しやすくすることにつながります。さらに「手書き」という心情表現をしやすくする工夫が加えられることで、自分の心が解放されやすくなります。すなわち、手紙を「手書き」でゆっくりと綴っていくことが、自分の心のしがらみを少しずつ緩めることにつながり、それがカタルシスになっていると考えることができるわけです。

ネット社会の現在、何よりも「手書き」の機会が不足しています。そして、誰かのことを思い浮かべながらゆっくりと思考を巡らし、自分らしい言葉で心から表現する機会など、あまりありません。だからこそ、手紙を書く機会を自ら作り出すこと、また書く機会が用意されることで、カタルシスを感じる機会が得られることになります。

漂流郵便局に寄せられた手紙には、時々局長へのお礼も含まれており、その中に次のような言葉が記されていることは珍しくありません。

「このような機会を用意してくれて、ありがとうございました。」

現在は、家庭、学校、職場にわたり、ストレスの感じやすい社会になっています。そのような中で、手紙を書くことはときに自らメンタルをケアすることにつながります。定期的に、心を込めて手紙を書く機会を設けることは、ストレスにさらされがちな日々に「心のサプリ」を飲むことに等しいと著者は考えています。それは治療のためのクスリではなく、あくまで心のバランスを整えるサプリです。必要性は人それぞれだと思いますが、現在のネット社会で生きている多くの人には、必要な工夫だと思っています。皆さんは、どのように思われるでしょうか。

心の社会インフラ

前章では「善意のコミュニケーション」に触れました。文通や水曜日郵便局の試みなど、手紙をやり取りする世界では現在、善意に満ちていると感じられるというものです。もう少し深く考えてみましょう。

まず、「善意」とは何か。それは、相手のことを思い、気遣い、何かを願うことです。そして、その積み重ねが信頼につながります。ただ、手紙はその人らしさとして、送り手のことが丸ごと伝わりやすいメディアです。悪意を一見わからないようにオブラートに包んでみても、何度かやり取りするうちにばれてしまいます。甘い世界ではありません。

そして、「善意」に基づく信頼関係は、心地よい関係でもあります。それは、ちょうど「つかず離れず」の関係のように、微妙なバランスの上に乗っています。常にべったりと相手に寄り添っているのではなく、普段はあまり意識していなくても、必要なときには相談ができ、率直な意見や思いを届けてくれるような関係なのです。

では、なぜ手紙を通して、そのような信頼関係が生まれやすいのでしょうか。

一つは、相手との距離が一定に保たれていることにあります。たとえば、文通村ではペンネームと架空の住所により手紙のやり取りが行われます。水曜日郵便局では、送り手が匿名である上に事務局でランダムにマッチングされるため、同じ相手からの手紙を見る機会の多くが一度きりになります。どこまでいっても、手紙を介しての関係のみにとどまっているのです。

もし、悪意を手間暇かけて吐く相手がいたとしても一度きりです。現実的にはそのようなことはあまりありませんが、その相手との文通が続けられることはないでしょう。また、ランダムにマッチングさせる相手として、事務局により除外されることになります。そして、善意を含んだ手紙のみが残っていくように淘汰されていくでしょう。このように、相手や事務局により悪意を排除することが、容易にできる仕組みになっています。

もう一つは、「手書き」で定期的に書く手紙が「心のサプリ」となるように、相手からの心のこもった手紙も「心のサプリ」となります。このことは、絵手紙を毎日やり取りする姿そのものです。手紙では、お互い支え合う関係が習慣化していくわけです。つまり、「善意」の好循環の仕組みができているといえます。

さらに、「心の会話」として文面を中心にやり取りされるため、外見など余計なことに囚われずに、正直な会話になりやすいと考えられます。そして、その分、相手への信頼も増しやすくなるわけです。

一方、ネットでは、さまざまな仕組みにより悪意がばらまかれやすいのはなぜでしょうか。

まず、匿名性が高いことに加えて、送り手と受け手の関係が曖昧になりやすいことが考えられます。誰に対しての文句なのか、また誰からの不満なのかが不明確なのです。そして、その声が断片化され、言葉だけが独り歩きしがちです。それに加えて、捉えどころがないほど大勢の声の一部として埋もれてしまえば、発信者の存在はさらに希薄となり、集団の悪意となってしまいます。このような様子は、ヘイトスピーチによく見られます。そして、結局のところ、悪意はネットという曖昧な場に放置され、それが増殖していくことになります。そこには送り手も受け手もなく、悪意を吐くことで個人的なかりそめの気晴らしだけが満たされる場に終わってしまいがちです。拡散する方は、付和雷同的で無責任なお祭り気分の中で、発言の意味も十分考えられることもなく拡散される様子が多く見られます。

また、ネットでは手軽に悪意を吐くことができます。そして、一度吐いた悪意の拡散を止めることは容易ではありません。フェイクニュースのように、情報の真偽が確かめにくいこともあり、悪意が循環しやすい仕組みばかりが目立っています。ただ、もともとネット上には、悪意も善意も存在していません。あくまで、ネットを利用する多くの人たちの心の中が、反映されているに過ぎません。さらにいえば、ネットに占められる悪意と善意の割合は、ネット利用者が日々社会や自分の生活に対して感じている、心の中の状態に左右されます。ネットはあくまで道具でしかなく、利用者の思いを増殖しやすい機能は認められるとしても、それが悪意の方に傾くか善意の方になるかは利用者次第なのです。このように考えてみると、現在ネット上で、悪意が占める割合が善意のそれをはるかに凌ぐとすれば、おそらくネット利用者の現在の社会への見方を反映していることに他なりません。

もちろん、すべてが悪意ばかりではありません。災害時など支援物資への呼びかけのように、善意が広まる場合もあります。しかし、そのようなケースは限られており、しかも限定された時期にとどまりがちです。一般に、怒りに身を任せたとき、瞬間的な快楽は伴っても、大きなエネルギーを消費してしまいます。ネットの手軽さゆえに感化されやすくても、長続きはしないのです。そして、送り手と受け手との関係が曖昧なため、信頼関係が入り込める余地はあまり残されていません。

以上のように考えてみると、手紙による「善意のコミュニケーション」の機会を増やしていくことは、個人間にとどまらず、ゆくゆくは社会に広くそのような関係を広げていくことにつながります。そして、手紙への利用経験を重ねていくにつれ、現在のネット社会に対する見方や、ネットの世界との付き合い方も変わっていくのではないでしょうか。

いわば、社会意識を変えていくきっかけであり仕組みとして、手紙による「善意のコミュニケーション」を捉えたとき、多くの人たちへも影響を及ぼしていける「心の社会インフラ」にもなりうると考えています。少し楽観的に見えるかもしれません。ただ少なくとも、手紙の利用習慣を通して、現在のネット利用の偏重を補正することにはつながると考えています。

つまり、コミュニケーションの前提として善意に立つこと。ゆっくりと手紙時間を楽しみながら、お互いの関係性を見直すこと。そして、そのような手紙経験を通して、ネットとは違うコミュニケーションの意味が多くの人たちに理解されたとき、ネットに振り回されないような「心の社会インフラ」が、社会意識として広がっていくのではないでしょうか。そのためにも、手紙による関係づくりの機会を増やしていく必要が、まずはあると著者は考えています。

手紙道

次に、手紙の経験値を上げながらスキルを磨いていく中で、何を上達の目標として取り組んでいけばよいか、また手紙を学ぶことや教えることについて、少し考えてみたいと思います。

手紙は、歴史的にも社会常識となる作法の一つとして考えられてきました。そして、その作法は時代状況に応じて教えられ、学ばれて、現在に至る文化として継続されています。

しかし、書道や茶道のような「手紙道」といった体系的な作法が、現在まとめられているかといえば、未成熟だと思えます。ただ、その中でも文通の世界では、講師やインストラクターの養成が組織的に行われ、教えたり学んだりする関係が見られます。

たとえば、日本絵手紙協会では「公認講師制度」が設けられています。同協会のサイトによると、「小池邦夫が提唱する「ヘタでいい、ヘタがいい」の考え方に基づく絵手紙の精神を正しく理解し、広められる人材を育成すること」を目的とし、二〇〇〇年に育成事業がスタートしています。そして、現在三〇〇〇名ほどの講師が活躍しているようです。

なお、公認講師になるためには、講座受講などの一定の単位取得が必要です。単位取得後、協会による審査の後、認定されます。認定後は、二年ごとの更新手続きが必要になっており、レベルアップのための研修会や講師限定の催しなどを通して、レベルの維持が求められるものです。単なる絵手紙のスキルだけではなく、一定の厳しさの中で、同協会の考え方への理解と普及が期待されていることがわかります。

他には、PFCでもPFCアドバイザーの資格が設けられています。PFCサイトによると、PFCアドバイザーは日本郵便により認定され、日本郵便主催のイベントや文通活動体験等の講師として、「手紙を書き、差し出すことの楽しさや喜びを広げていく活動」を担っています。

現在（二〇一九年二月時点）、全国で二七三名の講師がいます。資格を取得するためには、PFC会員（ただし18～65歳）であること、日本郵便主催のPFCアドバイザー研修会に参加し、全六講座（消しゴムはんこはがき、絵てがみ、クラフトはがき、野菜スタンプはがき、押し花はがき、塗り絵はがき）を修了した方に委嘱されるとされています。こちらの方は、さまざまなハガキの楽しみ方を広報しつつ、手紙体験者を増やしていく役割だといえるでしょう。

また、個人レベルでもいくつかの手紙教室や手紙セミナーが開催されています。その中では、村山順子氏の「心に届く手紙のセミナー」の評判が高く、村山氏のブログの中で「手紙道」という言葉が使われています。このセミナーは、二〇〇四年から続けられており、村上氏の体験に基づく手紙の魅力と、手紙を書くコツを伝える体験型セミナーです。ただ、現段階では体験を積み重ねることにより、手紙の魅力を実感できることが重視されており、一般性や体系性が認められるものではないようです。

他にも、坂田道信氏は「ハガキ道」を提唱されています。それは「複写はがき」を活用し、日々ハガキを書くことを通して、自らの心を磨きつつ人脈を広げていくすばらしさを体験していくものです。坂田氏は、四〇年以上実践しながら「伝道者」として活動されています。ただ、こちらも現段階では共感者は少なくないものの、一般性や体系性が認められるものとはいえません。いずれにしても、現段階では作法としての「手紙道」は、具現化していない状況にあります。

一方、手紙に関わる学習について、現在の学校教育では、指導要領の中で以下のように定められています。

「小学校学習指導要領（平成二十年文部科学省告示第二十七号）では、小学校の国語科において、例えば、「目的に合わせて依頼状、案内状、礼状などの手紙を書くこと」等を通して、中学校学習指導要領（平成二十年文部科学省告示第二十八号）では、中学校の国語科において、例えば、「社会生活に必要な手紙を書くこと」を通して、高等学校学習指導要領（平成二十一年文部科学省告示第三十四号）では、高等学校の国語科において、例えば、「相手や目的に応じた語句を用い、手紙や通知などを書くこと」を通して、それぞれ、書くことの能力を育成するための指導を行う旨を定めており、小学校、中学校及び高等学校においては、これらの学習指導要領に基づき適切に指導が行われていると考えている。」（参議院での第一九三回国会（常会）答弁書より）

この答弁書は、二〇一七年二月二一日に行われた「参議院議員藤末健三君提出手紙の書き方等についての教育に関する質問」に対し、内閣総理大臣が答弁したものです。一応、指導要領には、小学校、中学校及び高等学校と、国語科の中で、手紙の学習指導が明記されているようです。

ただ、現実にどの程度「適切に指導が行われている」のか、指導要領に定められた多くの教育内容を考えれば、定かではありません。なお、質問者の参議院議員の藤末氏は、会派「自由民主党・国民の声」所属の元大学教員で、工学部出身です。質問の中にある「政府はＩＣＴ政策を大きく掲げ、若年層に対するプログラミング教育等を推進している。しかし、情報通信技術の発達した現代においても、手紙は実際に手で書いて思いを伝える大切な文化であり、政府としても主体的に手紙の書き方等についての教育に取り組んでいくべきと考えるが、政府の見解如何。」という部分を見る限り、教育現場はＩＣＴに偏っていることが推察されます。この時期に藤末氏がなぜ、このような質問をしたのか、その背景が気になるところですが、いずれにしても学校現場では、手紙教育が軽視されている現状をうかがわせます。

手紙を作法として学ぶ

以上述べてきたように現在「手紙道」は未成熟の段階にありますが、手紙を作法として学ぶにはどのようなイメージが描けるかについて、私見をまとめてみたいと思います。

まず、イメージを描く参考までに、茶道の作法や資格制度の考え方に触れておきましょう。

茶道には、いろいろな流派がありますが、茶道会で現在最も多くの門下をもつ裏千家をもとに見ていきます。

まず、裏千家のサイトによると、「茶の心」について次のように書かれています。

「茶道とは「もてなし」と「しつらい」の美学だといってもよいでしょう。亭主となった人は、まず露地（庭園）をととのえ、茶室の中に、掛物や水指・茶碗・釜などを用意して、おもてなしの準備をします。これらはすべて日本の風土が育んできた文化的な結晶といえるものばかりです。だから茶道とは「日本的な美の世界」だということができます。そして亭主と客の間に通う人間的なぬくもりが重要な要素となります。それを「和敬清寂」の精神といいます。

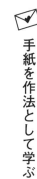

現在は人が人を大切にする時代ではなくなってしまいました。他人のこころを傷つけ、他の人を踏み台にして自分だけがのしあがっていけばよいという人々であふれかえっております。こうした時代に人を敬い、和みの世界と物事に動じない心を生み出していくのが茶道なのです。茶道とは、世界に誇ることのできる精神文化といえるのではないでしょうか。」

「茶の心」には、手紙文化にも相通じる視点が感じられます。それは、コミュニケーションを通して、相手をいかに「もてなし」「しつらい」をしていくのかを考えることは同じだからです。

そして、お茶をいただくことや立ち居振る舞いに伴う決まりごとが、作法として成立しています。ただ、作法は単なる事細かな決まりごとではなく、いかに「茶の心」を体現するかに関わっています。また、裏千家では資格制度として、図表⑦のようなステップがあります。

ステップの流れを見ていくと、基本的なことから始まり、さまざまな場面での応用まで、細かな作法とともにその考え方を学んでいくことがわかります。それらはゆっくりした時間をかけて、心と身体が一

許状種目	資格	目安となる年数
入門、小習、茶箱点	初級	2～3年
茶通箱、唐物、台天目、盆点、和巾点	中級	
行之行台子、大円草、引次	上級（助講師）	3年以内
真之行台子、大円真、正引次	講師	3年以内
茶名、紋許	専任講師	適時
準教授	助教授	適時

図表⑦　裏千家の許状種目と資格の関係

体化するところまで丁寧に行われます。

一例として、森下典子氏のベストセラー『日日是好日』では、茶道を学び上達していくことで、自ら変化していく様子が興味深く語られています。

「おじぎは、ただ「頭を下げる」ことではなかった。頭を下げるというシンプルな動きに、あらゆるものが含まれていた。「形」そのものが「心」だった。いや、「心」が「形」になっていた。」（『日日是好日』七七頁）

「今という季節を、視覚、聴覚、嗅覚、触覚、味覚の五感ぜんぶで味わい、そして想像力で体験した。毎週、ただひたすら。」（二二四頁）

手紙に即していえば、「心」をいかに手紙という「形」にしつらえるか。そして、手紙によるコミュニケーションを通して、いかに「今」という季節を共感し合えるか。つまり、手紙をやり取りするのは、形ある「心の会話」であり、やり取りを通して「今」を互いに感じ合えるかであることが、改めてわかります。

次に、作法としての「手紙道」をイメージしたとき、どのような視点が拠り所になりそうかについて、著者なりに列挙してみると以下のようになります。

・受け手のイメージの膨らませ方。

・受け手の違いや多様な場面における書き分け方。
・道具（便箋、封筒、筆記具、切手類、同封物、小物など）の選び方、使い分け方。
・手紙のスタイルごとの違いと使い分け方。それぞれ書き分けてみる。
・手書きの意味と表現の工夫の仕方。
・季節感など、さまざまな表現の工夫の仕方。
・手紙に関わるさまざまな言葉、概念、知識、ルール。
・さまざまな手紙を読む、味わう。
・特徴的な手紙（自分宛、未知な相手宛、クレームなどの組織宛、国際郵便など）を書く。
・手紙を書く習慣を永く続ける工夫の仕方。

このような視点を、必然的な流れで体験しながら学んでいくことがイメージできます。さらに、手紙の上達をどのように判断していくか、また上達の目標をどのように設定していくかについては、それなりの考え方が必要だと考えています。

手紙は、何よりも経験値が質を高めていく上で大切です。習慣的なトレーニングの積み重ねだといえるかもしれません。また、不特定な他者に向ける俳句などと異なる点は、手紙は多くが特定の相手を意識して、オーダーメイドで手作りされていることです。

本書の前半では、多様な手紙コンクールを採り上げました。それぞれのコンクールには企画意図

実施回	授業内容（選択科目「手紙学」）	備考
第１講	オリエンテーション：手紙とは何か	参加者の手紙体験を振り返る
第２講	「宛名」をいろいろイメージする	
第３講	「自己紹介」を手紙で書いてみる、交換する	
第４講	いろいろな場面を想定し、手紙を書き分けてみる①	相手の事情による書き分け
第５講	いろいろな場面を想定し、手紙を書き分けてみる②	季節ごとの便りの書き分け
第６講	いろいろなタイプの手紙を書いてみる①	金の無心、悩み相談など
第７講	いろいろなタイプの手紙を書いてみる②	絵手紙など
第８講	手紙の歴史や基本ルールを知る	
第９講	いろいろな手紙を読んでみる①	近代までの手紙
第10講	いろいろな手紙を読んでみる②	現代の手紙
第11講	表現の工夫①：「手書き」の持つ力	
第12講	表現の工夫②：書面以外の工夫	
第13講	「知らない相手に出す」手紙を書いてみる	参考「水曜日郵便局」
第14講	「自分に出す」手紙を書いてみる	参考「未来への手紙」
第15講	手紙とネットの使い分けの工夫	
レポート	「手紙の魅力」を伝える手紙を、特定の相手に書く	枚数自由

図表⑧　「手紙学」のシラバス案

があり、それぞれ素晴らしいものです。ただ、将棋のように勝負で白黒がつけられ、級や段などレベルに応じた位が設定できるシンプルさはありません。手紙の質の評価は、あくまで主観的なものに多くが左右され、審査員によって評価が分かれます。

手紙の経験値として、継続してきた年数や書いた通数の累計に加え、句会のように指導者や参加者による相互評価から、レベルを判断していくやり方が、現実的ではないかと考えています。ただ、手紙の受け手による評価をどの程度加味していけるかは、課題かもしれません。

なお、たとえば大学などで、もし著

者が「手紙学」を教えるとしたら、前頁のようなシラバスがイメージできます。

前頁のシラバスは、講義よりも実習主体の授業になりそうです。

いずれにしても、「手紙道」という考え方が、今後どのような体系の中で具現化されるかは不明です。ただ、コミュニケーションの作法として手紙を捉えたとき、前記のように全体像を学びながら手紙を書く習慣を身につけること、そして経験値を上げていくことが、手紙を学び上達する方向になっていくと著者は考えています。

コミュニケーションの基礎

この章の最後に、手紙がコミュニケーションの基礎と、どのように関わるかについて考察してみたいと思います。つまり、手紙に慣れ親しみ、そのスキルを習慣的に磨いていくことが、必然的にコミュニケーションの基礎を確かなものにしていくことにつながると、著者はイメージしているからです。

まず、コミュニケーションの基礎の捉え方について、私見を述べていきます。

著者のコミュニケーションの定義は、「コミュニケーションとは、相手との関係を築き、お互いを変えていく行為やしかけ」だと、すでに述べました。それを踏まえたとき、コミュニケーション対象である相手への理解が前提として求められます。また、その理解は相手と共有されるものでなければなりません。理解を促進させるためには、お互いが正直に自らについて語ることが不可欠です。「相手の出方を待ってから」と待ちの姿勢では、決して相互理解は深まりません。

そして、相互理解に基づき関係を築いていくためには、継続的な対話が必要になってきます。対話に必要なことは、お互いの立場を理解しつつも、対等にやり取りすることにあります。相手への配慮を超えて勝手に忖度したり、間違った思い込みをもったりしていると、なかなか対話は進みません。対話は、少しずつ時間をかけながら、お互いのわだかまりを減らしつつ、率直なやり取りができるようになっていけることが大切です。ただ、そのような対話の積み重ねが、信頼関係にまで発展していけるかどうかは、対話の内容や方法、展開次第でしょう。時間をかけた試行錯誤は、対話には必要不可欠です。

ようやく、信頼関係にまで発展できたとき、お互いがコミュニケーションによって影響を与え合う関係にまで深まっていく入口が見えてきます。そして、対話を繰り返す中で、双方にとってそのような深まりが当たり前に実感できるようになれば、コミュニケーションはその役割を十分果たし終えたことになります。同時に、その関係は揺るぎないものとして、今後も維持継続されていくでしょう。

このようなコミュニケーションによる関係性の発展の流れをイメージしたとき、それを支える条件として、次の三つが考えられます。

一つ目は、一定以上のリッチネスが保たれていることです。つまり、相手のことを理解する上で、まとまりのある情報の質が伴っている、つまり「等身大」が維持されている状態だといえるでしょう。それは、匿名であってもかまいません。相手の考え方や人となりが、まとまりのある形でしっかりとイメージできること、それを踏まえて率直なコミュニケーションが安心してできることが、とても大切なのです。仮に相手の名前を知っていても、勝手なイメージや思い込みで相手に接しているうちは、相手への理解は不十分なまま変わりません。その意味で、断片的なネット情報だけでは、なかなか相手の「等身大」のイメージにまで辿り着くことができません。

二つ目は、コミュニケーションに十分な時間がかけられることです。これは、一度限りの時間ではありません。関係をゆっくりと着実に築いていく上で、ときには年月を超えた時間をかけてやり取りを継続していくことが必要です。時間の経過とともに、関係の質が間違いのないものかどうかが試されます。あのとき、とても理解のある言葉をもらっていたのに、半年経つと急に、何かよそよそしい言葉に変わってしまった。これでは、関係は継続しません。しかし、双方が納得できるだけの時間をかけたコミュニケーションができれば、信頼関係に発展していきます。そして、その関係はさらに時間とともに深まっていくといえます。

三つ目は、関係を続けていくことをいかに楽しめるようになれるかです。この点は、信頼関係を継続していく上で、最も大切なところです。ちょうど、親しい友人と食事をするとき時間を忘れて一緒に楽しめるように、手紙を通した関係でもお互い慣れれば、関係を継続していくことは、お互いの願いとなっていきます。また、楽しい時間が短く感じられることは、誰もが体験していることでしょう。たとえば、大好きな作家の長編小説は、読み進めるうちにのめり込んでいきます。読むスピードは速くなっていき、そのうち読み終えてしまうことがもったいなく感じられるようになります。一冊の本を読み進める中にも、さまざまな時間感覚が生まれます。本を読むことは、その作家とのコミュニケーションだともいえますが、一般的に時間感覚は心のもちようによって、かなり変わっていくものです。手紙に関わる時間感覚も、その関係によって人それぞれ異なってきます。単純に、手間暇がかかるといったマイナスイメージだけで、捉えることはできません。

では、以上のような条件を思い浮かべながら、手紙によるコミュニケーションについて、改めて見ていきましょう。

手紙の場合は、双方を「分身化」させることができますので、情報の質のまとまりは期待できます。やり取りを続けていくことによって、相互理解につながる情報は十分得られます。しかも、「心の会話」が成立するところまで相互理解が深まっていければ、比較的容易に信頼関係にまで発展していくことがイメージできます。

メディア・リッチネスから見れば、直接対面することや、電話でゆっくりと話し合うことも、高いリッチネスが伴います。ただ、手紙と異なる点は、相手を拘束するかしないかでしょう。手紙の場合は、好きな時間にゆっくりと相手と向き合うことができます。いわば、「ゆるい拘束力」に立ったメディアです。この点は、ネットでのメールなどと共通しています。そのメディアを選択する段階で、相手への一定の配慮がわかります。

さらに手紙の場合は、現在「善意」に満ちた世界が開かれています。そこに身を寄せるだけで、気遣いだけでなく、感謝の気持ちや正直さを感じることができます。絵やイラスト、一つひとつの選ばれた「手書き」の言葉の中に、ちょっとした驚きを発見することもあります。手紙には、手間暇をかけて手作りし、時間をかけてやり取りする分だけ、お互いの心の内が形となってわかりやすく表れているのです。

そして、手紙を継続的にやり取りする中で、楽しみがいろいろ生まれます。たとえば、日本絵手紙協会では、毎年全国大会が日本各地で場所を変えながら開催されています。すでに、三〇年以上も継続されていますが、絵手紙友の会の会員が全国から最近は八〇〇人ほども集まるそうです。そのような、楽しみが用意されていると、日頃の文通による関係はさらに深まっていくことが容易にわかります。そこまでいかなくても、もっと日常的なことで十分です。文通相手の手紙が届く頃、郵便配達の車の音がしただけでもウキウキする。そのような当たり前の楽しみが、関係を続けていく上ではとても大切なのです。

手紙によるコミュニケーションについて、以上のように著者がイメージしているコミュニケーションの基礎と重ね合わせて見ていくと、重なり合う部分が多く目につきます。コミュニケーション自体は幅広い概念ですので、ネットでのコミュニケーションやマス・メディアによるコミュニケーションも含め、その姿は実に多様です。しかしながら、基礎となる部分は見た目ほど多様ではありません。極めてシンプルなのです。そのような基礎をしっかりと体得していくためには、何よりも手紙について時間をかけて学び、日頃から利用していくことは、実に理に適っているといえます。そして、基礎は早い段階で身につけていく必要があります。

最近では、言葉を十分話せないうちからスマホやタブレットに触れる幼児が、好ましいこととして話題になることも少なくありません。身近なおもちゃレベルであればよいのですが、できるだけ早くネット・メディアに触れさせることを称賛するあまり、それ以外のコミュニケーションを軽視することがないよう願いたいものです。

まずは、対面で親子の対話をしっかり学びながら、言葉が多少書けるようになってきたら、簡単なメモや手紙を誰かに向けて書いたり、渡したりしてみること。それが、コミュニケーションの基礎を学ぶ上で、極めて大切なことだと著者は確信しています。

第7章 言葉と向き合う生活

手紙と言葉

ネット社会の現代、手紙がどのような存在になっているのか、現在でも手紙が生き続けている世界とはどんなところなのか、そして今だからこそ手紙を活用する意味とは何かについて、コミュニケーションの視点から眺めてきました。

言い方を変えれば、手紙という一つの切り口から、現代社会のあり様や、現代の生き方、そしてコミュニケーションとの関わりについて、考え続けてきたのかもしれません。その結果見えてきたことの一つは、言葉との向き合い方です。

ネットが日常化している社会では、言葉との関わりが従来と随分変わってしまいました。一般的に、手紙は便箋の中に心を込めた言葉をしたため、時間をかけて相手に届けられ、何かしらまとまった思いを伝えようとします。一方、ネットではメールであれ、LINEなどのSNSであれ、言葉がひたすらスピーディーに相手へ伝えられます。インスタグラムの場合は、言葉より写真の方が主になっていることが多いので、絵手紙と比較してみるとわかりやすいでしょう。

一見、メディアを通したコミュニケーション行為としては同じように思われがちです。しかし、よく見ると、手紙の場合はメディアに記される言葉と送り手が密接につながっています。それに対してネットの場合は、言葉は短くなり、ときに断片化され、定型化されたフレームに押し込められることで、送り手とは距離が生まれます。そして、ときに言葉が一人歩きを始めます。

このような状態をイメージしたとき、手紙の場合は、送り手が言葉の中に「自分らしさ」をいかに組み込めるかを思案しながら、多くの中から言葉を取捨選択するのに対し、ネットではできるだけスピーディーに、言葉を吐き続けることに偏りがちです。その結果、言葉は多くの中から思考を通して選び抜かれるものではなく、手間暇をかけずにパターン化したものを使いがちになってしまいます。それは、コメントを書く際、スマホの機能で自分が頻繁に使う言葉が順番に列挙され、それらから即座に選んで書こうとする姿勢に象徴されます。つまり、相手に届ける言葉を選ぶ姿勢が、大きく変わってしまったことがわかります。また、自分の存在感を相手に届ける言葉に込めながら託すような姿勢から、送る言葉そのものよりも相手からのスピーディーな返信や反応が、自分の存在確認の証になるといった姿勢へと主に移行してしまったこともわかります。

では、このように相手に送る言葉への姿勢が自分から離れ、いわばパターン化した軽い言葉が使われがちになることで、いったい何が変わったのでしょうか。一緒に考えてみましょう。

まずは、自分と言葉との距離が離れることで、言葉に込める思いが薄くなっていきます。そのように吐かれた言葉は、自分の吐いた言葉としての意識や責任が感じられにくくなっていきます。

そして、パターン化された言葉を使い慣れるようになっていくと、言葉を送るスピードはどんどんスピーディーになっていく一方で、言葉を通してじっくりと考える力が弱くなっていきます。その結果、十分考えないまま、何気なく吐いた言葉によるやり取りばかりがスピード・アップしていきます。ときに、断片化された言葉は誤解されやすく、誤解された言葉同士が感情的にぶつかり合うと、必要以上の対立関係にエスカレートしていきがちです。このことは、ネットでのいじめやトラブルの中で、よく目にすることです。

手紙を通して改めて気づかされる言葉との向き合い方とは、言葉に対していかに思いを込められるか、そのためには言葉を通していかに思考を働かせられるか。そのことの大切さと難しさを、再考してみることだと思っています。

もちろん、手紙には、さまざまな機能や価値が認められます。言葉以外にも、いろいろ工夫できるポイントがあります。ただ、言葉をないがしろにすると、手紙そのものが成り立ちません。手紙の魅力の大半が失われてしまうことになります。そして、手紙のことをしっかりと考えることは、言葉に対するこだわりを一人ひとりが改めて思い出すことなのです。

ユニークな詩人の一人に、ドリアン助川氏がいます。彼はティーンエイジャー向けに書かれた著作『プチ革命　言葉の森を育てよう』の中で、言葉に対する思いを次のように語っています。

心のひとつの正体、それは言葉の森である。

言葉。言の葉。あなたの心のなかで生まれ、繁茂していく認識の一葉ずつ。言葉はいたるところにあふれていますが、そのみなもとは人の内側です。すべてそこからやってきます。口から出る前、あるいはペン先やキー操作で文字に変わる前はそこにしか生息できません。心と言葉を切り離すことはできないのです。

だから、心に風が吹く時は、言葉も乱暴にそよぎます。心のなかに意地悪の種がある時は、言葉まで意地悪な色に染まります。心に温かな日溜まりがあれば、言葉にもぬくもりが宿ります。また、逆も言えるかもしれません。言葉を明るくしてやれば、心も明るくなっていくはずです。悲しい時は歌いなさい。つまらない時は楽しい話をしなさい。そうすれば心にも元気がよみがえるよと、多くの人が主張していますね。（二一七頁）

少し引用が長くなってしまいましたが、心と言葉は深くつながっていて、言葉の森が心を豊かにしていくというドリアン氏の主張は、ネット社会の中で手紙の価値を改めて見直そうとするとき、とても共感できる見方になります。また、語彙の豊かさのもつ意味についても、言葉そのものが溢れかえっているかに見えるネット社会において、改めて問い直す必要があるのではないでしょうか。

そこで、少し手紙から離れ、言葉へのこだわりを軸に魅力的なまちづくりを現在行っている事例を、次に紹介しましょう。

「ことば」を生かしたまちづくり

松山市は、愛媛県のほぼ中央にある松山平野に位置しています。温暖な瀬戸内海気候で、人口は約五一万人と、四国では現在最も人口が多い基礎自治体となっています。

歴史に目を向けると、俳人正岡子規をはじめ、多くの文人を輩出している文化的な風土がうかがえます。たとえば、街のあちらこちらで見られる「俳句ポスト」は、一九六六年に子規・漱石・極堂の生誕一〇〇年を記念し設置され、すでに五〇年以上が経過しています。そして、今なお市民や観光客に愛用されています。また、「俳句甲子園」は二〇一八年に二一回目を迎え、毎年熱戦が続けられています。

この松山市で、「ことば」に注目したまちづくりがスタートしたのは、二〇〇〇年に遡ります。松山市は、新たな街の活性化を目指し、「松山二一世紀イベント協議会」を三年間限定で発足させました。メンバーとしては、市内を中心に活躍している各分野の人材が選ばれました。同市の「ことばのちから」サイトによると、スタート当初の思いが次のように語られています。

事業に取り組むにあたり、正岡子規などの文人を輩出し、夏目漱石の「坊っちゃん」や司馬遼太郎の「坂の上の雲」の舞台となるなどの恵まれた文化的土壌を生かし、形のない「ことば」を軸に据えました。その背景には、社会の変化の中でコミュニケーションの重要度が高まっているという認識がありました。

文化的な土地柄だけではなく、「ことば」を日常的なコミュニケーションの中でいかに活かしていくかといった関心が、背景にあることがわかります。この取り組みのその後の経緯は、次のようになっています。

まず協議会では、いろいろ議論を重ねた結果、とにかく多くの言葉を集めてみようということになりました。そして、二〇〇〇年一〇月に「二一世紀に残したい、伝えたい「だから、ことば大募集！」」を行ったところ、海外二一か国を含む全国各地から何と一万二〇〇〇一件の言葉が集まりました。

二〇〇一年からは、集まった「ことば」を活かした各種イベントなど、さまざまな展開が始まります。たとえば、市役所のロビーでコンサートを行ったり、入選作品をカルタにして商店街に配ったりとアイデアが膨らむままに、取り組みが広がっていきました。

ここで、入選作品を「ことばのちからパンフレット」から、いくつか紹介しましょう。

・恋し、結婚し、母になったこの街で、おばあちゃんになりたい！
・いろんな子　いっぱいおって　かまん！　かまん！
・笑顔に　まさる　化粧なし
・明日は　アタシの　風が吹く！
・ぼくと　おじいちゃんは　そっくりです
・みんなの願いを　ぎゅっと握って　生まれてきたんだね
・うちら電源切れても繋がっとるよ。
・退職し　帰りました松山に　還暦過ぎて　マドンナと
・介護椅子　母の笑いは　ハヒフヘホ
・赤い糸、五〇年経ったら金の糸

ほんの一部しか紹介できませんが、日常の中で何気なくつぶやくようなワンフレーズや、自分の気持ちを俳句や短歌のリズムでまとめられたものまでいろいろあります。また、方言や「マドンナ」など地元にちなんだ言葉が意識的に使われていることがわかります。いずれにしても、平易な言葉の中にも、読む人に深みを感じさせる言葉やフレーズばかりです。ちなみに、「恋し、結婚し、母になったこの街で、おばあちゃんになりたい！」は、作家の新井満氏により「この街で」という歌にもなり、そのＣＤや絵本詩集として発売されています。

二〇〇三年五月には、三年間限定だった協議会が、継続的な組織である「ことばのちから実行委員会」として再スタートしました。その後、ユニークなイベントが継続的に開催されていきます。

街にとって、さらなる展開を見せたのは、二〇〇七年「街はことばのミュージアム（ことばの図鑑）」からです。市内を走る路面電車をはじめ、市内のさまざまなスポットで入選作品のいろいろな言葉が紹介されることになりました。スポットとしては、松山城のリフト下や、松山港、松山空港など、市民や観光客が行き交うところが目立っています。

言葉の募集自体は、二〇〇四年に市内の小中学生対象に「〝愛〟だいすきな〇〇へ…」というテーマで行われ、七八五三作品が集まっています。さらに、二〇一〇年にも「だから、ことば大募集」が「絆」をテーマに実施され、全国各地から一万二二〇〇点の作品が寄せられています。

このように、地元や全国から集められた魅力的な言葉を資産にしながら、同市ではその資産をさまざまな企画の中で展開し、現在まで「ことばを大切にするまち・松山」として、地元を巻き込みながら、市内外に浸透するよう取り組みが続けられているのです。

このような長期にわたる自治体の取り組みは、高く評価されています。二〇一三年には「グッドデザイン賞二〇一三」が、公益財団法人日本デザイン振興会より与えられています。受賞理由は、次のようになっています。

写真⑥　俳句ポスト　※著者撮影

写真⑦　松山城ロープウェイ　※著者撮影

年齢や地域を越えたコミュニケーションを実現している。街のブランディングはもとより、市民の交流、活性化に貢献している。全国からことばを募集する仕組みも、開かれた活動として好感が持てる。

また、二〇一五年には「平成二七年ふるさとづくり大賞」（総務省）も受賞しています。こちらの方の受賞理由は、次の通りです。

『ことば』そのものに目をつけた点が画期的。文化のまち松山らしさが表れており、ユニーク。先人たちが遺した地域の宝として受け継がれている文化的遺伝子を未来に繋げて頂きたい。

事例紹介が多少長くなってしまいましたが、松山市の取り組みは、ネット社会に生きる私たちと言葉との向き合い方について、多くの示唆が含まれています。

言葉を味わうということ

では、松山市の事例から、どのような示唆が得られるでしょうか。

まず、身の回りで出会う言葉に目を向け、しっかりと受け止めてみることです。この世は言葉に満ちています。そして、一つひとつの言葉には、意味が宿っています。

路面電車の車体に記されている言葉をメッセージとして受け止めることによって、受け手の何かが変わるかもしれません。「うちら電源切れても繋がっとるよ」というフレーズをふと目にしたとき、ある女子大生は卒業後、遠くに行ってしまった高校時代の親友を思い出すかもしれません。そして、久しぶりに心を込めて手紙でも書いてみようと思うのです。そのようなイメージを思い浮かべてみると、繋がっているのはスマホの中だけではないことがわかります。メディア以前に、言葉で私たちはつながっているのです。

考えてみれば、街中に言葉が溢れていることは、多くの人に「もっと目線を上げて生活しなさい」と暗示されているような気さえします。そして、街に溢れている言葉が、心を込めたステキなものであればそれだけ、身の回りに目を向けることがしやすくなります。

次に、言葉をゆっくりと自分の心の中で味わうことです。言葉を味わうためには、ある程度の時間が必要です。次々と車窓の景色が流れていくように言葉が流れていってしまっては、なかなか味わうことができません。ちょうど、ネットニュースの見出しタイトル・リストやTwitterのタイムラインをスピーディーに眺めていると、文字を追いながらもなかなか頭の中に入ってこないことと同じです。

停留所で路面電車を待っているとき、空港で出発を待つ間、港で出港を待つ時間の中で、言葉が自分の中に沁みてきます。「待つ」ことは、自分のペースで時間をかけることです。そうすると、言葉の意味するところが、自分なりのイメージを伴って心の中に広がってきます。「言葉を味わう時間」が、現在の生活の中では意外と少なくなっているのではないでしょうか。

言葉を味わうには、さまざまな方法があります。目についた言葉やフレーズを、黙読してみるのも一つの方法です。気に入ったフレーズは歌詞として、節をつけて歌ってみるのもよいかもしれません。筆をとって、半紙に揮毫してみると味わいも変わってきます。季節の食べものを、言葉とともに味わってみるのもよいでしょう。茶道では、五感をフルに使って季節を味わうことを何よりも大切にしています。言葉を味わうことも、同じではないでしょうか。

ネットでのコミュニケーションを見ていると、言葉は記号でしかありません。そして、容易に短縮されたり、絵文字になったりします。最近では、言葉すらなく、写真と絵文字だけをやり取りする場合すらあります。

言葉を味わうことは、時間をかけてさまざまな方法で言葉のもつ多様性を感じてみることに他なりません。五感を通して言葉を味わってみると、言葉が映像として膨らんだり、かつて聞いたことのある誰かの声と重なったりします。そのように、イメージがどんどん膨らみ、そして言葉の重みを感じ、愛おしくなってきます。

さらに、もっと言葉を味わうには、心を込めて自ら言葉を発してみることです。松山市では、「俳句ポスト」をはじめ、言葉に関わるコンクールが数多く用意されています。たとえば、二〇〇八年にスタートした「響け!!言霊〝ことばのがっしょう〟群読コンクール」は、小学校から高校までを対象に、合唱のようにチームで一定の言葉を朗読するものです。参加したチームの引率者の次のような感想に、言葉のちからを改めて感じます。

「子どもたちがことばに興味を持ち、主体的に群読に取り組むようになった。」

「大きな舞台を経験できたおかげで、子どもの声が大きくはっきり出せるようになった。」

「群読という表現の仕方で、いままでしていなかった詞の読み取りや、表現に気づくことができるのだと感じ、群読の良さの一つではないかと感じました。」

言葉を発するといっても、実にさまざまなスタイルがあります。俳句のような短いものから、群読や「坊ちゃん文学賞」のような長いものまでいろいろとあります。ただ、いずれにしても、言葉をしっかりと味わうこと、またその姿勢を意識することは、共通しているのではないでしょうか。

松山市の事例から示唆されることを、以上のように考えてみたとき、言葉へのこだわりのもつ意味の大きさとともに、言葉と向き合う生活とは何かを改めて考えてみることは、現在の私たちの生活を見直してみる一つの切り口ではないかと思います。

文通のススメ

ネット社会である現在、言葉と向き合う生活の工夫の一つとして手紙に立ち戻り、今度は文通について改めて捉え直してみたいと思います。

第4章では、文通の現状についてまとめてみました。文通での手紙のスタイルの違いや、現在文通を利用している世代の違い、文通の仕組みの違いなどがわかりました。それと同時に、疑問もいくつか確認できました。

一つは、なぜ現在「女性主体のメディア」になっているのか。しかも、絵手紙利用者は六〇代以降のシニア層の女性が多いのに対し、文通村では二〇代までの若い女性層も目立っているのか。女性主体といっても、性差を超えた何かがあるように思えます。

もう一つは、「手書き」の魅力や、手紙を形として残しておきたいと思える魅力が、今なお認められるのはなぜか。これらの魅力は、アナログとしての魅力につながっているような気がします。

そこで、ヒントとしてあるエッセイを採り上げてみましょう。少し長くなりますが、これらは「文通村」の機関誌として、毎回送られてくる「ふみびと」の巻頭言の一つです。

ひと言のサプライズ

外での仕事を終えて、席に戻ると小さなお菓子の包みが机にひとつ。脇に添えられた「お疲れさま」のひと言が書かれたメモが少し疲れをとってくれました。

たったひと言の小さな付箋に書かれたメモ。その「たったひと言」だけで人の心をこんなにも安らかな気持ちにさせてくれる。改めて人の心のこもった文字の力を感じました。

思えば初めて友達と交わした手紙というのも、そんな小さなものからだったような気がします。

子どもの頃、授業中に先生の目を盗んで離れた席の友達にメモを渡し合い、他愛のない内容のやり取りを交わしては、やはり先生に見つからないように一人ニヤニヤしていたものです。

休み時間になればいくらでも交わせるような内容のやりとり。それでも子どもの頃はそんな小さな「手紙」を交わすことに喜びを感じていたものです。

言葉とはまた少し味わいの違うコミュニケーション。

少し大人になってから手紙を書くことや、もらうことの喜びを実感するようになりましたが、子どもながらに知らず知らずのうちに、目に見える「言葉」のやり取りに魅了されていたのかもしれません。

そんな子どもの頃の思い出まで思い出させてくれたたったひと言の「手紙」。

小さな一枚の紙に書かれただけの何気ないひと言は自分の思っている以上に人の心を温めてくれるようです。

たったひと言のささやかなサプライズ。ふとした時に仕掛けてみてはいかがでしょうか。何も言わなくても伝わる。そんな大切な人にこそ。

（「ふみびと」第二一五号、平成三〇年一〇月一五日）

なかなか味わい深いエッセイです。心のこもった「ひと言」のもつ力の大きさ、その「ひと言」を誰かと苦労してやりとりするところに、「言葉とはまた少し味わいの違うコミュニケーション」があるというのです。そして、それは「サプライズ」につながります。

何かしら、文通の原点をうまく表現しているエッセイのようにも思えます。

先に挙げた疑問に即していえば、現在手紙を通して、「ひと言」に敏感に反応し、また「ひと言」を心から必要としている人たちが、女性に多いのではないでしょうか。とくに、世代にかかわらず、日々の生活の中では「ひと言」がなかなか感じられないとき、手紙にそれを求めようとします。そして、それを発見したとき「サプライズ」になります。そのようなイメージが湧いてきます。

また「手書き」は、手作りされた文字を通して相手の存在や「心」を感じやすくさせてくれます。手紙の場合は、さらに多少の時間をかけて（もったいぶって）その「ひと言」が届けられるところに、付加価値が伴います。「手書き」にしても多少の時間にしても、一見無駄なように思われがちです。しかし、それがアナログとしての価値だと考えれば、無駄を超える何かがアナログというスタイルに宿り、現在もなお魅力を失っていないことになります。それは、その「ひと言」が「一点モノ」であり、特別な思い出として記憶されていくところに、手紙ならではの「形」としての意味があるのかもしれません。ネットでのメールのように、デジタルの場合はコピーされてしまえば、最初に書かれた原書は簡単に消えてしまいます。

もう一つだけ「ふみびと」から紹介してみましょう。

続けた先に

先日とあるアーティストのライブに行って来ました。学生の頃によく聴いていて、未だに当時聴いていた曲を聴くと、その頃のことを鮮明に思い出せるほど記憶に刻み込んでくれたそのアーティストは今年でデビュー三〇周年。

同じ仕事をそれだけ続けることも珍しい時代。

ただ同じ仕事を続けるだけでなく、同じメンバーとそれを成し遂げるということは、きっと誰もができることではないのではないでしょうか。

毎日同じように時間を過ごしていると、退屈に感じたり、成長できていないような気がして新しい環境を求める。

そんな向上心ももちろん素晴らしいことなのですが、長年同じことを続けてその道を極めた人には、その人にしか見えない景色が見えるのではないかとも思います。

「続ける」というのは言葉にする以上にとても難しいもの。

勉強、ダイエットやちょっとした生活習慣まで、続けることに対して挫折という挫折を繰り返してきた私は、誰よりもそれを知っているという自負があります。（汗）

でもほんの少しでも、たとえ些細なことでも、毎日でなくても、何かを続けることができれば始める前には見えなかった何かがきっと見えるような気がします。

例えば、相手の顔が見えなくても、手紙のやり取りを続けていくうちに相手の「顔」が見えてくるような。

つい思わず歩みを止めてしまうことの多い毎日。そのうちのたった一つだけでもいいから何か歩み続けてみたいものです。

続けた先に、続けた人にだけきっと見える「景色」を見るために。


（「ふみびと」第二一四号、平成三〇年九月三〇日）

何かを続けることは、習慣化することだといえます。習慣はワンパターンになり、マンネリ化しがちです。しかし、生活習慣という言葉があるように、もともと生活は習慣化します。生活時間を考えてみれば、歳月は直線的に過ぎていく一方で、円環的に巡ってきます。その両面性を考えたとき、手紙はどちらかといえば、円環的な生活習慣に合っているといえるでしょう。毎年季節が巡り、その時々で感じたことを相手と分かち合います。

一方で、ネットの世界には季節感がありません。新しいものを求めて、誰よりも先へ先へと進んでいこうとしています。「こんなことがあった、あんなことがあった、じゃあ次はどうなんだ」と、急ぐことが優先されがちです。おそらく、ネットの日常化は、社会の多くの仕事のネット化でもあります。農業のように、季節の中で自然と対話しながら行うような仕事のスタイルは、どんどん限られてきています。一方で、効率的にその場の課題を解決し、過去をあまり振り返らず、少しでも前に進んでいくことが良しとされる仕事ばかりが増えてきているのでしょう。

このように考えると、効率的な仕事観に煩わされている人ほど、手紙の時間感覚から遠くなってしまいます。男性の多くや、女性の働き盛りの世代に、手紙がなかなか入り込めないのは、そのためかもしれません。手紙といえば、ビジネスレターのようにできるだけ簡潔で必要最低限なものを意味し、または冠婚葬祭のように儀礼的なものをイメージしがちなのでしょう。

ただ、絵手紙の創始者である小池邦夫氏や、「文通村」の社長が男性であるように、手紙は女性だけのメディアではありません。円環的な生活観に立ち、日々の生活を眺め、いかにその時々を楽しみ慈しんでいくかを大切にする生活態度であり、生活の知恵だといえます。だから、生活スタイルも含めて、手紙の世界観を共有できれば、性差や世代を超えて手紙の世界に親しむことは、ネット時代でも十分可能です。

手紙を「続けた先に見える景色」とは、何でしょうか。それは、おそらく書面から相手の「顔」が容易にイメージできることだけではなく、手紙を通して描かれる相手との関係のストーリーであり、それは自分史でもあるといえます。また、茶道と同様、当たり前の景色から季節感を感じ取る豊かな感性であり、ゆっくりと時間をかけて考える習慣です。

では、ネットにどっぷりとハマって抜け出せない人たちは、どうすればよいのでしょうか。どんな形であれ、文通を始めてみることです。茶道が形から入るように、手紙も形から入ればよいのです。ただ、別にネット利用を否定しているのではありません。ネットも今までのように使いながらも、手紙のための時間を少しだけ空ければよいだけなのです。

今風にいえば、ハイブリッドなコミュニケーション、または二刀流のコミュニケーションのスタイルだといえるかもしれません。手紙は定期的であれば、たまに出せばよいのです。それ以外の日常は、ネットでメールなりSNSなりを楽しめばよいでしょう。そして、日常的なデジタルのコミュニケーションと、非日常的なアナログのコミュニケーションをどちらも味わいながら、日々過ごしていくことをおススメしたいと思います。

文通は、単に手紙を書く機会をもたらすだけではありません。その機会を習慣化させる力もあります。もちろん手間暇は多少かかるかもしれませんが、慣れればたいしたことはありません。何度かやり取りを重ねていくうちに、一定の時間感覚が身につき、定期的に手紙が届くのを待ち遠しく思えるようになります。まずは、形から入り、少しずつその魅力を味わうことが大切です。

二刀流のコミュニケーション・ライフ

この章の最後に、言葉と向き合う生活の工夫として、手紙を生活の中に位置づけたコミュニケーション・ライフを提案しておきたいと思います。それは、メディア・リッチネスを踏まえた、生活の中でのメディアの使い分けの工夫でもあります。

先ほど、二刀流のコミュニケーションという言葉を使いました。二〇一八年にメジャーリーグで大人気を博し、アメリカンリーグ新人王に輝いた大谷翔平選手をイメージしながら、述べていきましょう。

大谷選手の二刀流は、いうまでもなく、打者と投手の両方を一流レベルでこなすわけです。メジャーリーグのベースボールの流れでいえば、指名打者として四日ほど出場した後、休養日を取りながら週に一日投手として先発するスタイルです。もちろん、指名打者として出場している間も、ブルペンで投手の練習も行います。理想的には、このウイークリーのペースが順調に流れていくことが望ましいわけです。打者として一定の期間は、さまざまな投手との打席をこなし、次は気持ちを切り替えて投手として全力を注ぐことになります。このような二刀流のメリットには、どのようなものが考えられるでしょうか。

まずは、打者の視点を投手のときに活かすことができる点です。つまり、打者という相手の気持ちを十分理解した上で、投手として対戦することができるのです。逆もまた、いえるでしょう。

もう一つは、バランス感覚が養える点です。身体をさまざまな方向に活用するとき、もととなる自分の身体をいかに調整していくことが必要か、つまりどのようなバランスが最も自分の身体に相応しいかを、常に意識するようになっていくことです。

さらにいえば、チームに貢献できる機会が増えることでしょうか。打者として不振なときは、投手として挽回する。投手としてなかなか思うようにいかないときは、打者として活躍することで気分を一新させるイメージです。もちろん、いうほど簡単ではありません。どちらも不振となり、それが悪循環となった場合は最悪です。しかし、そうならないよう日々の努力が必要です。ただ、異質の能力であれば、気持ちを切り替え、できるだけマイナスを引きずらないようにしやすいのではないかと思っています。

では、「手紙のある生活」にイメージを転換していきましょう。

ウイークデーは、ネットを中心とした生活を送っていけばいいでしょう。ただ、SNSやらゲームやらにハマり過ぎないよう、一定時間の利用限度を定めておくことは大切です。日々のバランスを取る工夫としては、たまに日記を手書きでつけてみるとよいかもしれません。そして、週末は土日のどちらかを「手紙の日」に設定しましょう。久しぶりに進学で遠くに行ってしまった親友でも、好きなアイドルへのファンレターでも構いません。もちろん、文通相手でもいいでしょう。時間をかけて、自分なりに工夫を凝らして、手書きで手紙を書いてみることが大切です。

このような生活のコミュニケーション・サイクルは、あくまで原則です。ときには、「手紙の日」が飛んでしまってもかまいません。大切なことは、習慣化させようと意識し、少しずつ安定した習慣にしていくことです。だから、できるか、できないかにかかわらず、形として「手紙の日」を個人的に設定するのです。

このような生活スタイルを通して、どのようなメリットが期待できるかを、二刀流のメリットを参考にして考えてみましょう。

まずは、相手の気持ちが、より理解できるようになります。ウイークデーは、忙しい日々の中で相手の気持ちまで十分考える余裕がないかもしれません。悪気はなくても、ついつい自分のペースで物事を運ぼうとするかもしれません。しかし、週末にはゆっくりと手紙を書きながら、相手のことを思い、しっかりと向き合うことができます。また、ウイークデーにあったことをいろいろ思い浮かべながら、手紙の中に反映させることができるでしょう。

次に、バランス感覚が磨かれていきます。コミュニケーションはバランスです。ひたすらスピーディーなやり取りばかりに囚われていると、考える余裕などありません。もちろん、日常的には、無駄に考え過ぎず、てきぱきと物事を進めていく必要がある場合も少なくありません。ただ、人それぞれ自分のペースがあるように、誰もが同じペースで日々を過ごしているわけではありません。そのようなとき、週末にペースダウンし、自分のコミュニケーションのスピードを見直してみることが必要です。また、のんびりと思いを巡らせたり、考えを広げてみたりする中で、ウイークデーに大切なことに気づかず通り過ぎてしまったことを、反省する機会にもつながります。

いずれにしても、ウイークデーと週末にそれぞれ異なった時間感覚で過ごすことにより、自分なりの生活感覚や思考スピードのバランスをとることができるように思います。

さらに、ウイークデーと週末でコミュニケーションのメリハリをつけ、気分を一新させられれば、日々の落ち込みや悩みをいつまでも引きずらなくなるのではないでしょうか。また、コミュニケーション相手も切り替えられることで、学校や職場など日頃関わりのある組織の仲間ではなく、久しぶりに別の相手のことを思うことにより、気持ちが救われることもあるかもしれません。週末の「手紙の日」は、誰かに礼状を出したり、誕生日など記念日をお祝いしたりする日に決めることも工夫の一つです。毎月四回程度は、そのような誰かを祝福する日にしてしまうのです。それも、「善意のコミュニケーション」の応用です。ある企業では、月に一度の給料日に、給与明細とともに手書きの礼状が同封されていると耳にしたことがあります。手紙は現在、このような特別な日を演出するメディアとして、相応しいのかもしれません。

以上述べてきたような、二刀流のコミュニケーション・ライフは、ネット社会だからこそ必要な生活の工夫だと考えています。そのためには、手紙という歴史の中で時代に応じて使いこなされ、ある意味で「完成されたメディア」を、今の時代に合わせて使いこなすことが大切なのだと改めて思っています。

さて、ここまでお読みいただいた読者のあなたが、手紙を見直してみよう、たまには手紙でも書いてみよう、または文通を始めてみようと、少しでも気持ちが動いたとしたら、本書を通して著者のコミュニケーションは成功したといえるかもしれません。いかがでしょうか。

いずれにしても、手紙を通して言葉との向き合い方を再考し、言葉を通して日々の生活のスタイルを考え直してみることは、ネット社会に生きる誰にとっても必要なことだと考えています。

参考文献紹介

本書では、一般的なルールに従って参考文献などを列挙するのではなく、読者の皆様のご関心をさらに広げていけるよう、ジャンルごとにアレンジし、簡単な解説を加えたいと思います。なお、原則として各ジャンル内は、歴史の古いものから並べていきます。

1　手紙の基礎理解のために

［歴史関係］

魚澄惣五郎『手紙の歴史』全國書房、一九四三年
小松茂美『手紙の歴史』岩波新書、一九七六年
伊藤敏子『手紙を読む　寛永の文化人たち』平凡社、一九八八年
柘植久慶『軍事郵便物語』中公文庫、一九九五年
髙橋安光『手紙の時代』法政大学出版局、一九九五年
古沢岩美『軍事郵便』三好企画、一九九六年
小林正義『みんなの郵便文化史　近代日本を育てた情報伝達システム』にじゅうに、二〇〇二年
専修大学文学部日本近現代史ゼミナール編『ケータイ世代が「軍事郵便」を読む』専修大学出版局、二〇〇九年

サイモン・ガーフィールド、杉田七重訳『手紙　その消えゆく世界をたどる旅』柏書房、二〇一五年
雑誌『郵便をゆく』イカロス出版、二〇一五年
メディア史研究会編『メディア史研究　第42号［特集＝メディアとしての手紙（書簡）］』ゆまに書房、二〇一七年
井上卓朗・星名定雄『郵便の歴史　飛脚から郵政民営化までの歩みを語る』鳴美、二〇一八年

●解説　歴史関係は、小松茂美『手紙の歴史』がわかりやすく、コンパクトにまとまっています。ただ、現在は近代までの歴史研究がほとんどで、第二次世界大戦以降の研究はほとんどありません。

［研究関係　※手紙以外も含む］

研究ノート：丸山泰明「「幸運の手紙」に関する一考察」（「国立歴史民俗博物館研究報告」第174集、二〇一二年三月）
論文：三村泰一「「手紙の書き方」本の研究」（東北大学大学院情報科学研究科）二〇一四年
永瀬薫『手紙・はがき事典』西東社、一九九六年
御厨貴『オーラル・ヒストリー　現代史のための口述記録』中公新書、二〇〇二年
大江ひろ子『手紙アナトミア』DTP出版、二〇〇八年
川上浩司『不便益から生まれるデザイン』化学同人、二〇一一年
マルセル・モース、森山工訳『贈与論　他二篇』岩波文庫、二〇一四年（原書は一九二三―二四年）
宮田穣『ソーシャルメディアの罠』彩流社、二〇一五年
宮田穣『昭和30年代に学ぶコミュニケーション　不易流行の考え方』彩流社、二〇一六年

ニクラス・ルーマン、土方徹・大澤善信訳『自己言及性について』筑摩書房、二〇一六年（原書は一九九〇年）
宮田穣『組織に効くコミュニケーション　等身大の関係性の築き方』彩流社、二〇一七年
川上浩司『ごめんなさい、もしあなたがちょっとでも行き詰まりを感じているなら、不便をとり入れてみてはどうですか？　不便益という発想』インプレス、二〇一七年
シェリー・タークル、渡会圭子訳『つながっているのに孤独　人生を豊かにするはずのインターネットの正体』ダイヤモンド社、二〇一八年（原書は二〇一一年）
●解説　二〇〇〇年以降のコミュニケーションから見た手紙研究はほとんどなく、大江ひろ子『手紙アナトミア』が唯一認められています。ただ、絶版のため入手困難となっています。

［その他］
原子朗『筆跡の文化史』講談社学術文庫、一九九七年
魚住和晃『現代筆跡学序論』文春新書、二〇〇一年
石﨑泉雨『子どもは文字で訴える』ワニブックス出版サービス、二〇〇九年
根本寛『こわいほど当たる！　筆跡診断』廣済堂文庫、二〇一一年
島津よしはる『手書きの効用　文字をデザインしよう』幻戯書房、二〇一八年
●解説　筆跡に関するものは、比較的多く見受けられます。一方、「手書き」に関して深く研究したものは、ほとんど見当たらない現状です。

2　文学関係の手紙・書簡を読む

宮本顕治・宮本百合子『十二年の手紙』（上・下）筑摩書房、一九六五年
三好行雄編『漱石書簡集』岩波文庫、一九九〇年
如月小春『子規からの手紙』岩波書店、一九九三年
米田利昭『宮沢賢治の手紙』大修館書店、一九九五年
杉本苑子『歴史を語る手紙たち』文春文庫、一九九八年
久保田暁一『「お陰さまで」三浦綾子さん一〇〇通の手紙』小学館文庫、二〇〇一年
袖井林二郎『拝啓マッカーサー元帥様』岩波現代文庫、二〇〇二年
日本近代文学館編『愛の手紙　文学者の様々な愛のかたち』青土社、二〇〇二年
中野孝次『セネカ　現代人への手紙』岩波書店、二〇〇四年
向田和子『向田邦子の恋文』新潮文庫、二〇〇五年
ウルスラ・ドイル、田内志文訳『LOVE LETTERS　偉人たちのラブレター』青山出版、二〇〇九年
石割透編『芥川竜之介書簡集』岩波文庫、二〇〇九年
中川越『文豪たちの手紙の奥義　ラブレターから借金依頼まで』新潮文庫、二〇一〇年
梯久美子『百年の手紙　日本人が遺したことば』岩波新書、二〇一三年
「文藝春秋」編集部編『運命を変えた手紙　あの人が書いた34通』文藝春秋、二〇一三年
青木正美『肉筆で読む作家の手紙』本の雑誌社、二〇一六年
新垣千尋・池澤克就『著名人の切手と手紙　切手の博物館開館20周年記念』切手の博物館、二〇一六年
文藝春秋編『ラヴレターズ』文藝春秋、二〇一六年

NHK『クローズアップ現代＋』＋『知るしん』制作班『樹木希林さんからの手紙』主婦の友社、二〇一九年

●解説　文学者や著名人の手紙を、さまざまな視点から編集し、まとめたものは多数あります。しかも、最近のものも少なくなく、「ラブレター」など定番化されたジャンルだといえます。

3　手紙をモチーフとした作品を読む

［小説］

丹羽文雄『恋文』朝日新聞社、一九五三年
S・モーム、西村孝次訳『手紙』角川文庫、一九五六年
井上ひさし『十二人の手紙』中公文庫、一九八〇年
向田邦子『男どき女どき』新潮文庫、一九八五年
唐十郎『佐川君からの手紙　舞踏会の手帖』河出文庫、一九八六年
キングスレイ・ウォード、城山三郎訳『ビジネスマンの父より息子への30通の手紙』新潮文庫、一九九四年
岩井俊二『ラブレター』角川文庫、一九九八年
ドリアン・T・助川『食べる―七通の手紙』文春文庫、二〇〇〇年
宇江佐真理『春風ぞ吹く　代書屋五郎太参る』新潮文庫、二〇〇三年
小杉健治『父からの手紙』光文社文庫、二〇〇六年
東野圭吾『手紙』文春文庫、二〇〇六年

かあぽ『手紙屋さん』新風舎、二〇〇六年
喜多川泰『「手紙屋」～僕の就職活動を変えた十通の手紙～』ディスカヴァー・トゥエンティワン、二〇〇七年
喜多川泰『「手紙屋」蛍雪編～私の受験勉強を変えた十通の手紙～』ディスカヴァー・トゥエンティワン、二〇〇八年
一色伸幸『配達されたい私たち』小学館、二〇〇八年
辻仁成『代筆屋』幻冬舎文庫、二〇〇八年
藤井清美・渡辺啓・松田裕子『ラブレター』汐文社、二〇〇九年
エリック＝エマニュエル・シュミット、阪田由美子訳『100歳の少年と12通の手紙』河出書房新社、二〇一〇年（原書は二〇〇二年）
ドリアン助川『夕焼けポスト　心がラクになるたったひとつの方法』宝島社、二〇一一年
ミハイル・シーシキン、奈倉有里訳『手紙』新潮クレスト・ブックス、二〇一二年（原書は二〇一〇年）
エレーヌ・グレミヨン、池畑奈央子訳『火曜日の手紙』早川書房、二〇一四年（原書は二〇一〇年）
二宮善樹『マギーの手紙』東京図書出版、二〇一四年
ドリアン助川『あん』ポプラ社、二〇一五年
椰月美智子『未来の手紙』光文社文庫、二〇一六年
荻原浩『海の見える理髪店』集英社、二〇一六年
小川糸『ツバキ文具店』幻冬舎、二〇一六年
小川糸『キラキラ共和国』幻冬舎、二〇一七年

赤川次郎『明日に手紙を』実業之日本社文庫、二〇一八年
秋章『Letter ~手紙~』幻冬舎メディアコンサルティング、二〇一八年
［エッセイ］
三島由紀夫『三島由紀夫レター教室』筑摩書房、一九九一年（『三島由紀夫全集十六巻』より一九七四年）
三浦綾子『藍色の便箋　悩めるあなたへの手紙』小学館文庫、一九九九年
沢野ひとし『さわの文具店』小学館、二〇〇二年
渡辺淳一『ラブレターの研究』集英社文庫、二〇〇五年
ダニエル・ゴットリーブ、児玉清監修『人生という名の手紙』講談社、二〇〇八年（原書は二〇〇六年）
岡村精二『手紙でつむぐ親子のきずな　ぼくがもらった宝物』創元社、二〇〇八年
遠藤周作『十頁だけ読んでごらんなさい。十頁たって飽いたらこの本を捨てて下さって宜しい。』新潮文庫、二〇〇九年（没後10年に発見された原稿を文庫化したもの。一九六〇年に書かれています。）
小林慎太郎『ラブレターを代筆する日々を過ごす「僕」と、依頼をするどこかの「誰か」の話。』インプレス、二〇一六年
［DVD］
澤井信一郎監督「日本一短い「母への手紙」」東映ビデオ、一九九五年
荻上直子監督・脚本「恋は五・七・五！　全国高校生俳句甲子園大会」東北新社、二〇〇四年
アレハンドロ・アグレスティ「イルマーレ（原題　THE LAKE HOUSE）」ワーナー・ホーム・ビデオ、二〇〇六年

●解説　手紙形式で全体を構成している作品である井上ひさし『十二人の手紙』や三島由紀夫『三島由

紀夫のレター教室』は、手紙の特性がうまく活かされています。また、「代書屋」の視点から描かれた作品は多く認められています。小川糸『ツバキ文具店』、辻仁成『代筆屋』、喜多川泰『手紙屋』など近年の作品も少なくありません。

4　手紙事例を詳しく知る（※事例ごとにまとめて列挙）

◎「一筆啓上賞」関係

福井県丸岡町編『日本一短い「母」への手紙』角川文庫、一九九五年

丸岡文化振興事業団編『日本一短い「愛」の往復書簡　新一筆啓上賞』中央経済社、二〇一二年

丸岡文化振興事業団編『日本一短い「未来」への手紙　新一筆啓上賞』中央経済社、二〇一二年

丸岡文化財団編『日本一短い手紙「母へ」第25回一筆啓上賞』中央経済社、二〇一八年

※上記は節目となるものに絞っていますが、コンクール実施後、中央経済社より毎年シリーズとして出版されています。また、愛媛県西予市の「かまぼこ板の絵」コンクールとのコラボ企画として以下のものがあります。

日本一短い手紙とかまぼこ板の絵の物語実行委員会編『日本一短い手紙とかまぼこ板の絵の物語』中央経済社、二〇〇九年

坂井市・西予市・丸岡文化財団編『日本一短い手紙とかまぼこ板の絵の物語』中央経済社、二〇一五年

◎「愛の手紙」関係

静岡県袋井市文化協会編『心に残る99通の愛の手紙』朝日出版社、一九九六年

静岡県袋井市文化協会編『心に残る111通の愛の手紙』朝日出版社、一九九八年

静岡県袋井市文化協会編『心に残る77通の愛の手紙　第7集』静岡教育出版社、二〇一四年
静岡県袋井市文化協会編『心に残る珠玉の愛の手紙』大進堂、二〇一六年
※第2回以降は、コンクール実施後、不定期で数年分がまとめられて出版されています。
◎「千の風になったあなたへ贈る手紙」関係
新井満監修、「千の風」手紙プロジェクト編『千の風になったあなたへ贈る手紙』朝日文庫、二〇一〇年
新井満監修、愛媛県西条市「千の風」手紙プロジェクト編『千の風になったあなたへ贈る手紙・第2章』朝日文庫、二〇一四年
新井満監修、愛媛県西条市「千の風」手紙プロジェクト編『千の風になったあなたへ贈る手紙・第3章』朝日文庫、二〇一七年
※コンクール実施後、不定期に出版されています。
◎「つたえたい、心の手紙」関係
くらしの友「心の手紙」編集部『天国のあなたへ、つたえたい　心の手紙』宝島文庫、二〇一三年
つたえたい、心の手紙（くらしの友）・作、鉄拳・画『いつか伝えられるなら』ＳＢクリエイティブ、二〇一七年
※同社ではコンクール実施後、別途毎回独自の冊子を作成し、関係者や希望者へ配布しています。
◎アートプロジェクト関係
久保田沙耶『漂流郵便局　届け先のわからない手紙、預かります』小学館、二〇一五年
楠本智郎『赤崎水曜日郵便局』KADOKAWA、二〇一六年
森沢明夫『水曜日の手紙』角川書店、二〇一八年

※「漂流郵便局」をモチーフにした現代劇「ペーパームーン」（劇団民藝）が、二〇一八年六〜七月に実施されました。

◎絵手紙関係

小池邦夫監修、臼井雅観編『人並みでたまるか　小池邦夫と五人の絵手紙の達人たち』清流出版、一九九七年
臼井雅観『絵手紙を創った男　小池邦夫』あすか書房、一九九八年
小池邦夫・渡辺俊明『小池邦夫と渡辺俊明の絵手紙交流四〇〇〇日』清流出版、二〇〇七年
正岡千年『遊走人語　絵手紙作家・小池邦夫との五十年』清流出版、二〇〇八年
小池邦夫『小池邦夫　絵手紙50年』二玄社、二〇〇九年
小池邦夫『絵手紙講演集 in 忍野—Ⅰ』郵研社、二〇〇九年
小池邦夫『絵手紙講演集 in 忍野—Ⅱ』郵研社、二〇一〇年
小池邦夫『東日本大震災　被災地との絵手紙』中央公論新社、二〇一一年
小池邦夫監修・指導、『月刊絵手紙』編集部編『日本絵手紙協会公式教本　絵手紙をかこう』学研プラス、二〇一三年
『月刊絵手紙』編集部編『小池邦夫の絵手紙集—自分で光れ』日本絵手紙協会、二〇一八年
雑誌『月刊絵手紙』二〇一八年八月号 no.272

※絵手紙関係の参考文献は、他にも多数あります。今回は、日本絵手紙協会関係に絞っています。

◎松山市まちづくり関係

新井満『この街で』ＰＨＰ研究所、二〇〇六年

正岡子規・新井満『春や昔　正岡子規のふるさとシンフォニー』（CDブック）学校図書、二〇一四年
◎その他事例
愛知県蒲郡市編『日本一暖かい愛の絵手紙』日刊工業新聞社、一九九六年
愛知県蒲郡市編『続　日本一暖かい愛の絵手紙』日刊工業新聞社、一九九七年
愛知県蒲郡市編『心をつたえる　ほのぼの絵手紙　第11回がまごおり絵手紙大賞』エム・ピー・シー、二〇〇六年
※蒲郡市の取り組みは二〇一一年で終了しています。それまでは、実施後出版化されていました。
岡山県新見市編『世界で一番いとしいあなたへ―愛の手紙100―』中央公論社、一九九七年
文藝春秋編『21世紀への手紙　ポストカプセル328万通のはるかな旅』文藝春秋、二〇〇一年
小宮山量平監修、灰谷健次郎選者『お父さんの手紙』週刊上田新聞社、二〇〇四年
届かなかったラブレター発行委員会編『届かなかったラブレター』文芸社、二〇〇五年
日本の親に感謝する会編『世界一泣ける父母への手紙』講談社、二〇〇六年
石坂線21駅の顔づくりグループ『電車と青春　21文字のメッセージ』サンライズ出版、二〇〇七～二〇一六年
「未来の自分に、手紙を書こう。」プロジェクト編『未来への手紙』講談社 MOOK、二〇〇九年
加藤登紀子『君が生まれたあの日』廣済堂出版、二〇一三年
「恋文大賞」編集委員会編『感動入選作品集　心の手紙を届けたい。』ＰＨＰ研究所、二〇一三年
「動物感謝の手紙コンテスト」事務局編『犬に贈るラブレター』ＴＯブックス、二〇一四年
Create Media 編『日本一醜い親への手紙　そんな親なら捨てちゃえば？』dZERO、二〇一七年

●解説　自治体、企業に限らず、手紙コンクールの取り組みは多数認められます。上記のように出版化されているものは、その一部だと考えられます。事例の中では、「一筆啓上賞」が代表的な事例となっており、企画、募集、審査、発表、出版化まで一連の流れとして完成されています。また、毎年テーマを変えつつも、四半世紀以上一定の応募規模を維持できている点は、他の事例では真似のできないものとなっています。

5　手紙の作法などを知る

◎手紙の作法関係

高田敏子『女性の手紙　心の手紙』大泉書店、一九六七年

草柳大蔵『手紙をポストに入れるまで　手料理のような手紙を書くための35章』大和書房、一九八二年

扇谷正造『手紙の作法・最新レターマニュアル』グラフ社、一九八八年

三省堂編修所編『手紙の文例事典　新装版』三省堂、一九九四年

山﨑順子監修、青少年ペンフレンドクラブ協力『手紙を書こう!①はじめての手紙』鈴木出版、二〇〇八年

亀井ゆかり『手紙の作法』かんき出版、二〇一一年

中島泰成『プロの代筆屋による心を動かす魔法の文章術』立東舎、二〇一五年

一田憲子取材・構成『手紙のある暮らし　手書きだからこそ伝わる大切なこと』マイナビ、二〇一五年

むらかみかずこ『おとなの手紙時間』サンマーク出版、二〇一五年

◎手紙の工夫に関するもの
坂田道信『この道を行く　ハガキ道に生かされた四十年』致知出版、二〇一三年
むらかみかずこ『仕事がもっとうまくいく！たった3行のシンプル手紙術』日経ビジネス人文庫、二〇一五年
水野敬也『たった一通の手紙が、人生を変える』文響社、二〇一五年
村山順子『人生を変えた10行の手紙』ぱるす出版、二〇一八年
株式会社ナイスク企画・編集『気持ち伝える文具と手紙』枻（えい）出版社、二〇一八年
雑誌『pen　特集「心を揺さぶる手紙。いま伝えたい言葉があります。」』阪急コミュニケーションズ、二〇一一年 No.295
雑誌『pen　特集「伝えたいのは、心に響くメッセージ。手書きの味わい。」』阪急コミュニケーションズ、二〇一八年 No.462

●解説　「手紙の書き方本」は、一つのジャンルとして多数の出版物が認められます。このジャンルのものは、ごく一部にすぎません。ただ、手紙の達人による個人的な工夫を紹介したものが多く、一つの体系を意識した一般性のあるものは、現段階では認められていません。手紙に関するまとまった辞書も限られています。

6　言葉や作法に関わる参考文献を知る

◎言葉一般関係
荒川洋治『日記をつける』岩波アクティブ新書、二〇〇二年

小野恭靖『ことば遊びの世界』新典社、二〇〇五年
荒川洋治『忘れられる過去』朝日文庫、二〇一一年
アルフォンス・デーケン『心を癒す言葉の花束』集英社新書、二〇一二年
池田勇人『あかし文章道への招待』ヨベル、二〇一二年
根本寛『メモは嘘をつかない』経済社、二〇一三年
ドリアン助川『プチ革命　言葉の森を育てよう』岩波ジュニア新書、二〇一四年
◎テーマ性のある言葉関係
山住正已編、豊田正子著『綴方教室』中央公論社、一九三七年（岩波文庫版、一九九五年）
無着成恭『山びこ学校』青銅社、一九五一年（岩波文庫版、一九九五年）
高井有一『真実の学校』新潮社、一九八〇年
佐野眞一『遠い「山びこ」』文藝春秋、一九九二年
小沢信男『私のつづりかた　銀座育ちのいま・むかし』筑摩書房、二〇一七年
坂本オフィス・リブ企画、編集協力『弔辞』日本テレビ放送網、一九九五年
文藝春秋編『弔辞　劇的な人生を送る言葉』文春新書、二〇一一年
高平哲郎『大弔辞　先輩、友、後輩へ綴られた最後の愛の手紙』扶桑社、二〇一一年
◎作法関係ほか
千宗室『新版　裏千家茶道のおしえ』日本放送出版協会、一九八四年
千宗屋『茶　利休と今をつなぐ』新潮新書、二〇一一年
中野孝次『現代人の作法』岩波新書、一九九七年

●解説　言葉に関するものは、言語学や文学、国語教育などを含めると膨大なものになります。今回は、本書で参考にしたごく一部のものを挙げています。なお、教育ジャンルでは、「綴方教育」が戦前からの伝統的な流れとして存在しています。今後、手紙と綴方を組み合わせ、学校教育の中で再評価し取り組んでいくことも、一つの方向性として考えられます。

作法については、例として茶道を一部採り上げました。他にもスポーツ系以外では、書道や華道、香道などいろいろあります。手紙を単なる方法論としてではなく、「作法」として捉えようとする意図には、文化として社会に深く定着させられるものであってほしい、という著者の願いが込められています。その意味でも、体系的な「手紙道」の確立が求められます。

※今回の参考文献は、著者の目の届く範囲のものに限られています。もし、手紙に関するより参考になる文献などの情報がありましたら、是非お寄せ下さい。

あとがき

読者の皆様へ

拝啓　今年もはや桜咲く頃となりました。いかが、お過ごしでしょうか。

まずは、本書を最後までお読みいただき、誠にありがとうございます。著者にとって、読者の皆様の存在は、何ものにも代えがたい喜びです。内容にどの程度ご満足いただけたかはわかりません。でも、タイトルにわずかなりとも関心をお持ちいただき、そして貴重なお時間をとっていただけたことだけでも感謝に堪えません。

著者は、本書を通して読者のお一人おひとりとコミュニケーションをしているつもりです。たとえ、面と向かわなくても、出版後かなりの年数がたった後でも、コミュニケーションは成立していると考えています。それは、読了後、本書から何かを受け取っていただき、読まれる前と多少なりとも変化があれば十分だからです。

さて、本題に入ります。

著者が手紙に関心を持ったのは、五年ほど前に遡ります。当時はＳＮＳなど、インターネットを活用したソーシャルメディア華やかなりし頃でした。現在もなお、LINEやTwitter、インスタグラムあたりは健在ですが、日々の生活の中で多くの人がスマホにハマる姿に違和感をもっていました。通勤で電車に乗っていても、大半の乗客が一定の角度で下を向き、何やらスマホをいじっていました。立ちながらスマホをいじっている人をそれとなく眺めていると、ＳＮＳの画面に見入っていたり、ゲームに夢中になっていたりと、いろいろでした。そして、スマホをいじっている乗客たちは一様に、周囲に一切関心を向けませんでした。「ながらスマホ」という言葉はありますが、スマホの世界にどっぷりと浸かっており、「ながら」どころではありませんでした。

その後、ネット依存のことが話題になり、国立病院機構久里浜医療センターが「ネット依存外来」の受付を始めたことを耳にしました。また、大学で学生たちの様子を見ていると、友達同士で集まっていても、みんなスマホから目を離さず雑談している様子が珍しくありませんでした。

当時は、インターネットが日本で一般的に利用されはじめてから、二〇年ほどが経とうとしていた頃でした。すでに、職場をはじめ、学校現場でもインターネットの利用は日常化していました。もちろん著者も日々お世話になっており、執筆にも多大な貢献をしてくれていることはよくわかっています。手軽に調べものがいろいろでき、取材依頼や本など資料の購入にとても役立っています。

ただ、ネット依存に象徴されるように、ネット利用の影の部分がとても気になっていました。それは、学生たちとの接し方にも関わるからです。そして、当時自分なりに考察した内容を『ソーシャルメディアの罠』（二〇一五年、彩流社）という著書にまとめました。ご関心のある方は、是非ご覧ください。

その著書をまとめた後、先端的なコミュニケーションに課題があるとしたら、もう一度コミュニケーションの原点に立ち戻って考えてみようと、自分が生まれた頃の昭和三〇年代あたりの様子をいろいろと眺めてみました。そうすると、当時盛んにやり取りされていたコミュニケーション・メディアは手紙であり、文通もポピュラーなものであることがわかりました。

また、日常的には近所づきあいや喧々諤々の討論がどこでもわりと行われていたように「人間臭いコミュニケーション」が溢れていました。そして、手紙やそれらのコミュニケーションの中核には、「等身大」であることが共通して組み込まれているように感じました。つまり、コミュニケーションを通して関係を築いたり、心を通じ合わせたりするためには、ある程度以上の情報のまとまりが必要ではないかと、ふと思ったのです。そのあたりの内容は、『昭和三〇年代に学ぶコミュニケーション』（二〇一六年、彩流社）という著書にまとめています。（少々しつこいようですが、……）ご関心のある方は、是非こちらもご覧ください。

さらに、その著書をまとめた翌年には、ある本と出会いました。それは、『不便益から生まれるデザイン』（川上浩司著、二〇一一年、化学同人）です。「不便益」という発想は、「便利」だけを注視することによって見過ごされがちでありながら、実は重要な別の益があることを意味しており、その存在に気づかせてくれました。また、単に別の益が得られるだけではなく、それが心身ともに「人間の本来のあり方」につながるものでもあることが指摘されていました。このような視点に立てば、ネットでのコミュニケーションと比較したとき、手紙はまさに「不便益なコミュニケーション」だと、思わず膝をたたいたわけなのです。つまり、手紙というメディアを深く掘り下げていけば、現在のネットでのコミュニケーションの課題を解く金脈に行き当たるのではないかと、（少し大げさですが）思い至ったわけです。

その後は、手紙のことをいろいろ自分なりに調べてみました。手紙をテーマとした小説や評論を集めたり、手紙に関連する映画やドラマを観たり、手紙関連の書籍や資料をいろいろ眺めたりしてみました。最近でも、意外と手紙をモチーフとした作品は多いようです。たとえば、少し前にNHKでドラマ化された『ツバキ文具店』（幻冬舎、二〇一六年）は、ご存知の方も多いのではないでしょうか。

さらにこのとき、本書で紹介した多くの手紙の事例（第3〜4章「生きる続ける手紙の世界」）に辿り着くことができたのです。それに加えて、手紙を実体験してみようと思い、二年ほど前から「文通村」の会員となり、現在も文通を続けています。その体験記については、本書の中で少しだけ紹介している通りです。

手紙に関していろいろ調べる中で、わかったことはいくつかありました。

まず、現在日本では手紙をテーマとしたコミュニケーション研究が、ほとんど行われていないことです。インターネットが一般的に利用されるようになったここ二〇年ほどの間になされた手紙研究で、まとまったものは『手紙アナトミア』（大江ひろ子著、二〇〇八年、DTP出版）だけでした。もちろん、研究ノートや論文など部分的に手紙に関わるコミュニケーション研究は散見されましたが、いずれもが自分の求めている先行研究としては不十分なものでした。

その一方で、手紙コンクール関連のものは多数目につきました。しかも、現在も続けられているものがいくつかありました。アートプロジェクトにも、ユニークなものに出会いました。それらは、本書で紹介した通りですが、このような経緯の中で出会ったものなのです。

さらに、とてもラッキーなことが重なりました。手紙に関する取材を本格的にやりたいと思い、勤務している大学にサバティカル（研究専念期間）を申請したところ、二〇一八年度前半（四～九月）をサバティカルに認めてもらうことができたのです。そして、自由に研究できるまとまった時間を活かし、半年間をかけて自由に全国を取材して回りました。そのおかげで、その成果を本書でまとめ紹介できたわけです。実に、ありがたいことだと感謝しています。

勢いついでに、二〇一八年一一月には、手紙に関するインターネット調査も実施しました。その結果については、一部ですが本書の第2章で紹介させていただいた通りです。調査結果の中では、とくに20代までの若い女性層が、手紙にこれほど好意的な反応を示している事実に驚きました。

本書は、五年ほど前から伏流していた流れが、ここ一年あまりの間に一気に表面に溢れ出てきた印象があります。しかし、フィールドワーク（全国取材）も含めて手紙をテーマに考察した結果は、今まで持ち続けてきたコミュニケーションへの自分なりの理解を再確認するものとなりました。ただ、新たな発見があるとしたら、アナログでのコミュニケーションの世界は、意外に深いものだということです。そして、その価値は現在、まだあまり明らかにされていないことです。たとえば、「手書き」一つとってみても、そこに込められている表現の豊かさや魅力は、研究の裏づけの下で、まだ誰も十分説明できているとはいえません。

また、日常化しているネットでのコミュニケーションは、利用者のリテラシー次第だという点を含みつつも、無意識のうちに依存性を高め、深く考える習慣を低下させている傾向は、より強まっているのではないかと改めて感じています。そのような中で、手紙に限らずアナログによるコミュニケーションの効用に焦点を当てた研究は、現時点では限られているのではないでしょうか。アナログといえば、懐かしさやノスタルジーと絡めて持ち上げられたり、逆に批判されたりすることが現在でも多く見られます。

いずれにしても、ネット社会の中で、人間にとってのコミュニケーションのバランスを欠いた形で、幼い頃からネット主体のコミュニケーションを続けていくと、心身ともに新たな問題が噴出してくるような嫌な予感がしています。現在、IoTだのAIだのロボットだのと騒いでいる間にも、「人間本来のあり方」から日々のコミュニケーションが、どんどん離れていきつつあることが危惧されます。

その意味でも、本書で提案している「二刀流のコミュニケーション」の習慣の中で、手紙をしっかり位置づけていくことが、コミュニケーションの基礎を見失わないためにも、大きな意味を持っていると考えています。

ついつい、長文の手紙になってしまいました。少々退屈だったかもしれませんね。

読者の皆様が、本書をきっかけにそれぞれの日常を振り返りながら、手紙について少しでも思いを巡らせてみようと受け止めていただけたとしたら、著者としては喜びに堪えません。

旧暦では、啓蟄が過ぎました。また、約三〇年ぶりに元号が改まるまで、あとしばらくとなりました。皆様も新年度に向けて、虫たちのように何かに向けて準備を始められるときではないでしょうか。巡りくる季節の中で、気持ちも新たに日々過ごされることを、陰ながら応援しています。

敬具

二〇一九年春（啓蟄の頃）

多摩湖畔にて

著者（宮田　穣）

追伸　本書は多くの皆様のご協力なしには、誕生できませんでした。以下、お名前を列挙し、簡単ではありますが、お礼を申し述べたいと存じます。

［取材ご協力先］　※肩書は略させていただきました。

丸岡文化財団（武曽様）、袋井市文化協会（小久江様）、袋井市（内野様）、松山市（石橋様）、西条市（竹内様、戸田様）、くらしの友（西脇様、福田様）、熊本現代美術館、水曜日郵便局（遠山様、楠本様、松本様）、漂流郵便局（中田様、久保田様）、文通村（保科様）、日本フィランソロピー協会（髙橋様）、日本郵趣協会（落合様）、日本郵便（成田様、富沢様、磯様）、日本絵手紙協会（山田様、大津様）、小池邦夫絵手紙美術館（垣中様）、石坂線21駅の顔づくりグループ（福井様、山口様、木村様）

［その他］

「文通村」文友の皆様、クロス・マーケティング（手塚様、八田様）、北樹出版（木村様、古屋様）

なお、本書は勤務校である相模女子大学の特定研究助成費（A）、および学術図書刊行助成費の多大なご協力により出版の運びとなりました。ここに、謝意を表したいと存じます。

最後に、大正、昭和、平成、令和にわたり生き抜き、人生の模範を示し続けてくれた亡き父・利二（享年98歳）、そして、著者の40～50代の研究生活をともに歩んでくれた亡き愛犬ろく（トイ・プードル、二〇一七年末没、16歳11か月）にも、この場をお借りし長年の感謝の気持ちを伝えたいと思います。

著者略歴

宮田　穣（みやた　みのる）

相模女子大学　人間社会学部　社会マネジメント学科　教授

1959年金沢市生まれ。1983年一橋大学社会学部卒業後、大手印刷会社、教育出版社で、マーケティング・編集・調査・研究・広報など多様なキャリアを蓄積。仕事の傍ら、1999年東京経済大学大学院コミュニケーション学研究科に社会人入学。研究を重ね、2004年博士課程修了、博士号取得（コミュニケーション学、日本で第1号）。2006年民間企業から大学に仕事の場を移し、本格的に研究活動を開始。現在に至る。

専門は、コーポレートコミュニケーション、企業の社会的責任、NPO論、企業広報、行政広報、組織内コミュニケーション論、ソーシャルコミュニケーション論など、コミュニケーション全般。

著書は、『組織に効くコミュニケーション』『昭和30年代に学ぶコミュニケーション』『ソーシャルメディアの罠』(2015～2017 いずれも彩流社)、『協働広報の時代』(2012 萌書房)、『サステナブル時代のコミュニケーション戦略』(2005 同友館)。その他、共著、論文など多数。

ネット時代の手紙学

2019年 7月25日　初版第1刷発行

著　者　　宮　田　　穣

発行者　　木　村　慎　也

・定価はカバーに表示　　　印刷　中央印刷／製本　川島製本

発行所　株式会社　北樹出版

〒153-0061　東京都目黒区中目黒1-2-6　(03) 3715-1525(代表)

ISBN 978-4-7793-0609-9

(落丁・乱丁の場合はお取り替えします)